Benja

Histoire de l'Algérie coloniale (1830-1954)

NOUVELLE ÉDITION

La Découverte
9 *bis*, rue Abel-Hovelacque
75013 Paris

ISBN 2-7071-4466-5

Si vous désirez être tenu régulièrement informé de nos parutions, il vous suffit d'envoyer vos nom et adresse aux Éditions La Découverte, 9 *bis*, rue Abel-Hovelacque, 75013 Paris. Vous recevrez gratuitement notre bulletin trimestriel ***À la Découverte***. Vous pouvez également retrouver l'ensemble de notre catalogue et nous contacter sur notre site **www.editionsladecouverte.fr**.

Introduction

L'Algérie, temps colonial, formation d'une nation

Il est difficile d'évoquer froidement l'histoire de l'Algérie au temps de la colonisation française. La question algérienne a suscité trop de passions, trop d'engagements dans un sens comme dans l'autre, trop d'espoirs déraisonnables et de déceptions... Aussi les livres se sont-ils accumulés, qui ne se ressemblent pas. Plus de mille, pour la seule période de ce qu'on appelle, en France, la « guerre d'Algérie », ont été publiés entre 1955 et 1988. Entre l'apologie pure et simple de la colonisation française par ceux qui n'arrivent toujours pas à se consoler de l'indépendance algérienne et les dénonciations rageuses sous la forme la plus sommaire, l'exercice d'écriture de cette histoire se révèle délicat. Comment garder ses distances, et faire vivre du dedans cette longue histoire, parfois tragique ? Comment montrer sans indulgence les phénomènes d'oppression et de déstructurations brutales d'une société, et cependant porter un jugement équitable sur cette présence coloniale française outre-Méditerranée ?

Ce petit ouvrage*, sans se laisser aller à la digression incontrôlée dans les détails, tente de mettre en relief quelques points essentiels. En particulier celui-ci : la façon dont s'est construite progressivement, pour les musulmans comme pour les Européens d'Algérie, la représentation du territoire algérien, comment elle s'est transmise, filtrée, décantée.

---

* Qui forme le premier volet d'une histoire de l'Algérie coloniale ; le second volet, consacré à la guerre d'Algérie, est paru dans la collection « Repères » (n° 115), sous le titre *Histoire de la guerre d'Algérie* (1954-1962).

Qu'est-ce donc que l'Algérie au temps colonial ? D'abord, un espace, avec son immensité saharienne, mais où la nature a moins de poids que les hommes et les procédures qui la définissent : l'enquête coloniale qui inventorie, la cartographie qui trace les limites avec le Maroc et la Tunisie, l'administration française qui découpe (de la province mystérieuse aux « départements » nationalisés), la démographie qui dénombre, classe et évalue les composantes ethniques (musulmans, juifs, Européens...), le capital métropolitain qui pénètre, investit, les communications qui uniformisent. Ce territoire hétérogène aménagé par les « penseurs » coloniaux, généraux ou hommes politiques, c'est aussi, surtout, un État. Déterminant, tissant un maillage des populations indigènes, fonctionnant en prolongement et en opposition avec la lointaine métropole.

Qu'elle le veuille ou non, l'Algérie d'aujourd'hui apparaît bien comme le *résultat* de cette réalité coloniale. Après la terrible, meurtrière conquête française (1830-1847, puis 1871), l'Algérie traversera toutes sortes d'épreuves, de transformations pour que se construise la notion de son identité. Encore faudra-t-il qu'en émerge une *volonté politique*, pour que, de sa configuration et de ses vicissitudes, en surgisse le sens. Ce pays ne se concevait pas au XIXe siècle comme espace unifié, socialement, économiquement, ni même culturellement. Il existera, avant tout, par la volonté de certains Algériens de croire en lui.

Le nationalisme indépendantiste, porté par l'Étoile nord-africaine à partir de 1926, créera la nation algérienne [47]*. Ce nationalisme fait de « l'indépendance » la valeur fondatrice et suprême, pouvant transformer l'indigène en citoyen. Cette réintégration du politique est si importante qu'elle risque de ne pas faire saisir un autre facteur. Les peuples sont avides de légendes, et se veulent un passé qui les fasse remonter à la nuit des temps. D'où le recours aux valeurs de l'arabo-islamisme, pour légitimer une démarche de rupture avec la France, très manifeste dans les années de la guerre d'indépendance, entre 1954 et 1962. En s'opposant à une Europe conquérante au lourd passé, comment aurait-on pu rompre sans invoquer la longue tradition de l'islam, seule patrie de référence connue ? Donner à un peuple la hardiesse d'un avenir exige de cultiver l'équivoque d'une mythologie nationale ancestrale, fût-ce en se débarrassant

* Les chiffres entre crochets renvoient à la bibliographie en fin d'ouvrage, p. 118.

de la particularité berbère. La création nationale fabrique du consensus, sans se soucier des avatars de l'histoire réelle.

En face, ceux que l'on appellera les « pieds-noirs », venant de France ou du pourtour méditerranéen, n'ont aucune histoire algérienne à prendre en charge. Ils pratiquent l'audace de la page blanche, et se refusent au *melting pot*. La citoyenneté, une fois établie, leur appartiendra. Pas aux Algériens musulmans. La négation de la citoyenneté pour les autres forgera leur nationalisme français exacerbé, vivace. Ce faux modèle de la République mis en œuvre en Algérie pèsera puissamment dans les mémoires après les indépendances maghrébines (en France, et dans les immigrations en provenance des ex-colonies).

Trente ans après son indépendance, l'Algérie est à nouveau confrontée à la question/représentation nationale surgie dans le temps colonial. Le chatoiement de la pluralité locale (l'exemple berbère est toujours là...), la résurgence du sentiment religieux à base de populisme (l'islamisme), la survivance du souvenir français non assumée, minent l'autorité centrale. La société régénérée et harmonieuse promise par les « libertés révolutionnaires » du nationalisme des indépendances se heurte à la force maintenue des solidarités et des pratiques anciennes.

I / L'Algérie dans la longue durée

La terre, la mer, le désert

Vaste rectangle, parallèle à l'équateur, resserré entre deux latitudes voisines, le Maghreb « utile » est limité au nord et sur ses deux flancs par la mer, et au sud par un océan de sable et de roches. C'est pourquoi l'historien Ibn Khaldoun (1332-1406) décrivant cette contrée emploie l'image d'« île du Maghreb ». Du Maroc à la Tunisie, l'Algérie s'étend sur un millier de kilomètres. En superficie, ce pays est le deuxième d'Afrique, avec 2 381 740 kilomètres carrés.

L'Algérie, c'est d'abord la mer. Ce pays présente une belle façade sur la Méditerranée, mais presque sans « fenêtres ». La montagne y tombe à pic. Quand des *baies* se présentent dans cette côte fermée, elles sont très ouvertes aux coups de vent du nord. Pour relier les établissements humains, les ports entre eux, on a dû ouvrir des routes en corniche. Région de hautes terres dont l'altitude moyenne dépasse 400 mètres, la partie centrale de l'Atlas est une chaîne de plissement récent. Les sommets dépassent 2 000 mètres dans l'Aurès et le Djurdjura. Mais cette structure montagneuse n'est pas uniforme. À l'ouest, le système orogénique est beaucoup plus affirmé, les montagnes beaucoup plus élevées ; au fur et à mesure qu'on se dirige vers l'orient, le relief s'atténue pour venir mourir vers le Sahel tunisien. Cette orientation latitudinaire des montagnes commande la direction des voies de communication qui sont souvent ouest-est, comme les montagnes elles-mêmes.

Entre les deux alignements, Atlas tellien au nord, et Atlas saharien au sud, s'étend la masse tabulaire des hauts plateaux steppiques, région traditionnelle de pastoralisme. Les basses plaines, d'étendue réduite, se rencontrent près du rivage. L'accès de ces plaines se trouve facilité par des vallées transversales qui coupent la montagne. L'Algérie, au sud, c'est le Sahara. Ce vaste espace appartient à un autre monde géologique. Ce n'est pas, comme on l'a cru longtemps, un fond de mer, mais une très vieille plate-forme arasée où pointent de gros massifs émoussés et des aiguilles volcaniques qui culminent à 3 000 mètres dans le Hoggar. Le Sahara est jalonné d'îlots de verdure et de vie, les oasis, où le palmier-dattier domine les cultures maraîchères et arbustives [19].

Région de grands contrastes au point de vue physique, mêlant les caractères méditerranéen-montagneux et mi-désertiques et steppiques dans ses paysages, l'Algérie a été dans son passé une terre de passages, de contacts entre civilisations venues d'Orient et d'Europe.

L'Algérie dans « la Berbérie » : une histoire complexe, multiple

À l'origine, un mot : « berbère ». Un mot latin, bien évidemment, et qui désigne le *barbarus*, celui qui n'appartient pas au monde romain. Les Berbères se désignent, eux, par le mot *Amazighen* (au singulier, *Amazigh*), c'est-à-dire les « hommes libres ». Au IIIe millénaire, la Berbérie s'étendait de la mer Rouge à l'Atlantique, jusqu'aux îles Canaries, et de la Méditerranée aux confins camerounais. Au tertiaire, des préhominiens d'Aïn-Hanech (près de Sétif) à l'homme du néolithique de Columnata (20 kilomètres au nord de Tiaret), deux millions d'années ont passé. Une langue dont l'existence est la plus anciennement attestée dans l'Afrique du Nord était parlée de l'Égypte à l'Atlantique et n'a disparu aux Canaries qu'au XVe siècle, après la conquête espagnole. On peut faire remonter l'histoire des Berbères à plus de 4 000 ans av. J.-C., à une époque où l'histoire d'Égypte enregistre des combats entre « Libyens » et Égyptiens. En 1227 av. J.-C., les Égyptiens doivent repousser des « peuples » venus de l'ouest, les Libou (d'où Libye), très vraisemblablement originaires de l'Atlas. La Berbérie est une terre d'attraction de tous les peuples occidentaux et orientaux. Terre de légende, elle inspire les grandes tragédies gréco-romaines : Athéna, Atlas, Hespérides, Odyssée, Calypso, et beaucoup plus tard *Salammbô* de Gustave Flaubert.

Sa situation privilégiée — plaque tournante entre l'Europe, l'Afrique, l'Orient et l'Asie — et ses richesses sont l'enjeu de l'histoire au cours de sept grandes invasions : Phéniciens-Carthaginois de 1100 à 147 av. J.-C. ; Romains, de 146 av. J.-C. à 432 de notre ère ; Vandales, de 432 à 533 ; Byzantins, de 533 à 633 ; Arabes, de 755 à 1516 ; Turcs, de 1516 à 1830. Lourdement présents sur les côtes, en Tunisie, dans le Constantinois, les Romains ne s'aventurent guère dans ces bastions de Berbérie que sont l'Atlas, le Rif, l'Ouarsenis, les Kabylies. Une résistance à Rome se concrétise, symbolisée par Jugurtha, qui occupe une place de choix dans le panthéon berbère. Autre phénomène d'importance : l'introduction du christianisme, à la fin du IIe siècle. Saint Augustin, saint Tertullien suffisent à prouver une implantation importante de la foi chrétienne, au moins dans les villes. Les périodes vandale et byzantine durèrent chacune un siècle. Elles furent caractérisées par de perpétuelles révoltes berbères, souvent réprimées avec violence. Déjà, d'autres envahisseurs s'annonçaient.

Le premier conquérant arabe est Oqba ibn Nafi, qui, dit la légende, poussa son cheval dans les flots de l'Atlantique en regrettant de ne pouvoir aller plus loin. Première résistance armée des Berbères, menés par le chef chrétien des Aouraba, Koséïla : les Arabes sont repoussés, et Oqba est tué dans l'Aurès (vers 682). Deuxième tentative d'invasion : celle de Hassan ibn No'man. Il rencontre, toujours dans l'Aurès, la légendaire Kahina. La Kahina battue, un autre conquérant intervient, Moussa ibn Noçaïr, gouverneur de l'Ifriqiya.

Alors qu'ils ne les ont pas vaincus militairement, les Arabes vont convertir les dirigeants berbères à l'islam. Ce sont ces derniers qui porteront le message coranique dans leurs tribus d'origine. Islamisés, les Berbères se révoltent encore contre le pouvoir central arabe. En 740, par exemple, la révolte éclate à Tanger parce que le gouverneur arabe, Obeïd Allah, a décidé de faire payer un impôt spécial aux Berbères convertis. Obeïd Allah est tué, et les Berbères, sous la conduite de Maisara, écrasent l'armée arabe sur l'oued Cheliff. Ils récidivent, en 742, sur le Sebou.

Les Arabes mettront plus d'un siècle pour conquérir l'Afrique du Nord et ses habitants. M. Rahmani écrit : « Les Arabes ne furent pas nombreux à pénétrer le Maghreb.

Comme le dit Ibn Khaldoun, ils s'en retournèrent bien vite chez eux, et le peu qui resta fut absorbé par les Berbères. De 763 à la conquête turque, en 1534, ce furent neuf dynasties berbères qui firent la grandeur musulmane, d'où la grande confusion avec les Arabes. L'une d'entre elles, les Fatimides, fonda Kahira (Le

Caire) [63] ». Ajoutons que les premiers Arabo-Berbères « accostent » le Sahel dès le VIIIe siècle à Tadamakka, cité des marges subsahariennes. Les marchands s'installent de père en fils en Afrique. Les Arabes découvrent lentement les Noirs, et l'image « qu'ils s'en forgèrent resta durablement marquée du même côté affabulatoire qui prévalait chez les Grecs » [6].

L'enracinement de l'islam

Dès le VIIIe siècle, la doctrine du kharedjisme (*kharedjites* veut dire les « séparés ») rallie une grande partie du Maghreb. Un puissant royaume kharedjite, dont le chef prétendait à l'imamat, c'est-à-dire à la juridiction universelle sur les croyants, est constitué, avec Tiaret pour capitale. Les descendants de ces « hérétiques » peuplent le Mzab. Après le kharedjisme, les XIe et XIIe siècles voient s'élever les plus puissantes des dynasties berbères. D'abord, les Zirides et les Hammadites, lieutenants révoltés des Fatimides, à Kairouan, à Kalaa près de Msila et à Bejaïa ; puis les Almoravides, nomades sahariens, et les Almohades, venant des massifs montagneux du Maroc. Le caractère religieux de ces deux dernières dynasties est très marqué. Souverains almoravides et almohades prêchent un islam rigoureux, retardant pour longtemps la reconquête de l'Espagne par les chrétiens. L'un d'entre eux, l'Almohade Abd el-Moumene (1130-1163) apparaît comme un grand homme politique. Les Almohades contribuent à une certaine unification régionale.

Parmi les populations, l'islam parvient à réaliser l'osmose entre la culture autochtone berbère et la nouvelle éthique coranique. Il l'emporte sur les croyances païennes, développe la justice sociale et l'égalité entre les croyants. L'accession des Berbères à la foi musulmane leur donne, dans une certaine mesure, la cohésion qui manquait à leurs communautés. Mais le choc de la seconde invasion arabe, dite hilalienne, du nom de la puissante tribu des Beni Hillal, met à mal le Maghreb, et particulièrement le territoire de l'actuelle Algérie. Les régions d'accès facile voient diminuer dans d'énormes proportions leurs richesses agricoles et doivent retourner au régime pastoral.

Cependant trois royaumes s'étaient formés sur les ruines de l'Empire almohade (XIIIe siècle) correspondant à peu près au Maroc, à l'Algérie, et à la Tunisie contemporains : Merinides à Fès, Abd el-Ouadites ou Zianides à Tlemcen, Hafsides à Tunis. Ce fut contre un prince de cette dernière dynastie, El Moustancir, que Louis IX dirigea sa dernière croisade (1270), au cours de laquelle il mourut.

Les luttes sans cesse renaissantes, les conquêtes suivies de revanches, les troubles chroniques favorisèrent l'arrivée des Ottomans au XVIe siècle.

L'ampleur de la présence et de la référence turques

La présence turque en Algérie s'est étendue de 1555 à 1830. Si le fameux « coup d'éventail » du dey d'Alger au consul de France figure en bonne place dans la panoplie des arguments avancés pour justifier l'entreprise coloniale française en 1830, la cause principale de ce processus reste « la provocation et l'insolence des Turcs ». La résistance des troupes ottomanes, surtout dans le Constantinois, fait s'évanouir l'idée d'une Turquie disposée à se retirer facilement du territoire algérien.

Contrairement aux hypothèses émises par les stratèges français, non seulement « les Arabes n'ont pas imploré l'alliance française », mais ils se sont lancés dans un processus de résistance dès 1832. Ces erreurs d'appréciation, cette méconnaissance de rapports entre l'Algérie et la Turquie avaient en fait pour base des causes objectives. Il est vrai qu'à la veille de l'expédition française le sentiment antiturc restait fort dans les tribus. Par ailleurs, le régime turc se trouvait effectivement affaibli par les grandes révoltes menées par la confrérie des Derkaoua, la féodalisation des fonctionnaires et la baisse des exportations. Mais prendre cette attitude de refus pour une volonté d'affrontement, voire de sortie du cadre fixé par les Ottomans, c'était précisément ne pas connaître comment de très diverses ethnies, à travers lesquelles s'articulaient de multiples micro-sociétés, coexistaient au sein d'un vaste empire [64]. Les Koulougli, métis de Turcs et de femmes algériennes, constituaient une population exclusivement urbaine. Ils étaient particulièrement nombreux dans les villes où les Turcs entretenaient une forte garnison (Alger, Oran, Blida, Tlemcen, Médéa, Constantine). Rares étaient ceux qui s'adonnaient au commerce ou à l'artisanat [9].

En Algérie, l'oligarchie militaire turque, ayant acquis son pouvoir politique de sa puissance maritime, regarde vers la mer, tire de la guerre de course une grande partie de ses ressources, contrôle Alger de près et l'arrière-pays d'assez loin. Les provinces tendent à s'organiser de leur côté et les fonctionnaires turcs laissent assez d'autonomie aux chefs locaux. La volonté du pouvoir central n'a jamais été de plus s'étendre, de s'imposer à tous, ou d'associer *a contrario* les populations locales à la direction, mais tout simplement d'essayer de maintenir les choses en l'état, de survivre sur un équilibre fragile. L'unique règle à laquelle obéissent tous les sujets consiste dans une reconnaissance matérialisée par le paiement d'un tribut. Et dans ce cadre, la figure du sultan donne à toutes les particularités, à toutes les différenciations sociales, à ces socialités variées, une cohésion minimale. Cette remarque renvoie à un autre aspect. L'histoire profonde de l'Algérie, par-delà le heurt des tribus, tient surtout à l'action décisive de l'islam. L'arabisation progressive du pays berbère entreprise par les confréries et l'aristocratie de personnages religieux (marabouts et chorfas) a donné à l'Algérie « une personnalité incontestablement orientale » [1].

Progressivement, le sentiment d'appartenance à l'*ouma* (la communauté des croyants islamique) s'identifie à l'existence du dernier grand empire théocratique de l'islam. Sentiment qui ira croissant avec le déclin puis la désagrégation de l'Empire ottoman... La perte d'un « centre » de référence va engendrer la nostalgie et produire une mémoire où sont occultés les actes de la soldatesque ottomane en Algérie. Tout est prêt, dans la période d'installation coloniale française, pour rendre un hommage tardif à la Turquie capable d'apporter à nouveau « l'homme providentiel ».

Ce rappel historique permet d'imaginer toute l'ampleur de la référence turque. En effet, chez les musulmans de l'Algérie française existera l'attente de « l'homme providentiel » venant délivrer le pays de ses maux, et la croyance en une protection ottomane pour parvenir à cet objectif. Cela s'exprime, entre 1900 et 1923, dans la grande production de poésies populaires dites dans les langues dialectales, qui tiennent, on le sait, une place de choix dans la culture arabe. Déclamatoires, ironiques, révoltées et acerbes, elles restent fidèles au tempérament d'un peuple [39].

Mais ces points de repère constituant une mémoire suffisent-ils à saisir l'étonnante résonance de la Turquie dans la conscience algérienne ? Des millions de personnes dans ce pays du Maghreb central continueront de porter le souvenir turc parce que ce pays/empire reste, en lui-même, une inépuisable matière à réflexions, controverses, polémiques. Référence à tout faire, l'Empire ottoman constituera une source d'inspiration par la place particulière qu'il jouera auprès des populations musulmanes dans leur ensemble.

II / La colonisation française : conquête et résistances (1830-1914)

Les circonstances de la conquête française

« La conquête de l'Algérie ? La réponse au coup d'éventail ! » Pendant de longues années, des générations d'écoliers ont appris et rabâché qu'un coup d'éventail, asséné par le dey d'Alger au consul de France, avait provoqué la prise d'Alger en 1830. Puis vinrent la guerre d'Algérie, la décolonisation... et vola en éclats le mythe du « coup d'éventail ».

Première pièce, et non des moindres, qu'il faut verser au dossier : bien avant l'expédition française, la régence d'Alger répondait à tous les critères d'un État souverain. Souveraineté reconnue par la plupart des États européens et les États-Unis, qui avaient accrédité auprès du dey des agents diplomatiques permanents. Leur témoignage, en particulier celui de Shaler l'Américain, sera d'ailleurs extrêmement précieux pour reconstituer l'Algérie d'avant l'intervention française [9]. Et les relations entre l'Algérie et la France ? Bonnes, excellentes même, puisque l'on peut lire au moment de la Révolution française les lignes suivantes dans *Le Moniteur* de juin 1793 : « Tandis que l'Europe se coalise contre la France libre, une puissance africaine (Alger), plus loyale et fidèle, reconnaît la République et lui jure amitié. » Dès lors, comment appréhender la dégradation de ces rapports franco-algériens ? D'abord par la mise en perspective des liens qui unissent les financiers du dey d'Alger, les Bacri-Busnach, au consul de France, Deval, celui qui reçut le fameux coup d'éventail. La famille Bacri-Busnach, avec la garantie du dey, avait livré à la France du Directoire d'importantes quantités de blé. Napoléon, Louis XVIII, Charles X ne voulurent jamais honorer cette dette à l'égard du dey.

« La supercherie ne devait pas rester longtemps ignorée du souverain algérien. S'il peut admettre à la rigueur la déloyauté d'un négociant qui n'en était pas à sa première escroquerie, il ne put supporter la tromperie de Deval. À ses yeux, il était inconcevable qu'un agent diplomatique, représentant d'une grande puissance, puisse tremper dans une basse combinaison financière », note l'historien A. Hamdani [24]. Le gouvernement français attendit trois années (le coup d'éventail date de 1827) pour « laver l'insulte ». En fait, le gouvernement ultra du prince de Polignac espérait, par une campagne militaire, renouer avec les temps napoléoniens et ainsi consolider l'influence de la France dans le bassin occidental de la Méditerranée, par l'ouverture de marchés et de débouchés au commerce et à l'industrie naissante. La recherche d'une brillante victoire à l'extérieur, mais aussi le souci de juguler l'opposition intérieure en vue du rétablissement de la monarchie absolue dont rêvait Charles X constituent les causes profondes de la rupture et de l'affrontement.

C'est donc dans l'enthousiasme général que s'effectue le départ, le 16 mai 1830, de Toulon, d'une flotte de cinq cents navires. Après une première tentative avortée, du fait de la tempête, le débarquement a vraiment lieu : le 14 juin, à une heure du matin, l'armée de De Bourmont est à quelques encâblures de la presqu'île de Sidi-Ferruch. Cinquante minutes plus tard, la première bombe algérienne part des collines qui dominent les plages et blesse un marin du *Breslaw*. S'ensuivront des tirs groupés et violents qui feront une cinquantaine de morts et trois fois plus de blessés dans les rangs français. La réplique française fait, elle aussi, des victimes, mais nul n'en saura le bilan. « Les Arabes emportent leurs morts et leurs blessés, c'est leur coutume », écrira le commandant de l'expédition à ses chefs parisiens.

Les troupes françaises réussiront finalement à mettre pied à terre et à édifier un camp retranché qu'elles feront protéger par les divisions Berthezène et Loverdo, déployées le long des plages est et ouest de Sidi-Ferruch. Elles resteront là quatre jours entiers dans l'attente d'une logistique plus conséquente que celle qui avait été embarquée au départ de Toulon. Pendant ce temps, l'armée disparate formée à la hâte par l'agha d'Alger stationnait à Staoueli. Sa composition ? 30 000 hommes selon De Bourmont, 50 000 selon Charles-André Julien qui détaille 7 000 miliciens turcs, 13 000 hommes envoyés par le bey de Constantine, 6 000 par celui d'Oran et 16 000 à 18 000 guerriers envoyés spontanément par les tribus kabyles. Le 18 au soir, cette armée solide, courageuse mais mal organisée attaque sur tous les fronts. Le contact est violent. L'assaut des Français sur le camp de Staoueli qui suivra ces premiers affrontements sera des plus meurtriers. Ils perdront 57 hommes et auront 473 blessés, mais s'empareront tout de même du camp [27].

À partir de ce 19 juin 1830, tout ira très vite. Dès l'arrivée du matériel et du ravitaillement, De Bourmont foncera sur Alger. Le 24 juin, il sera à Sidi Khalef ; les 26, 27 et 28 au plateau de la Chapelle où les combats au corps à corps seront des plus sanglants. Le 29 juin, il atteint le plateau d'el-Biar. Suivant l'itinéraire établi par Boutin, envoyé par Napoléon quelques années plus tôt, les troupes françaises pilonneront leur dernier obstacle le 4 juillet. Il s'agit bien sûr du fort de l'Empereur, plus connu sous le nom de Bordj Sultan Kalassi ou de Bordj Taos. Ce fort, mal protégé — 2 000 hommes —, finira par tomber, non sans avoir été miné par le dey. Geste désespéré en vérité puisque les négociations engagées dès le soir du 4 mèneront à la signature, le lendemain, 5 juillet 1830, de l'acte de reddition d'Alger à Djenane Er-Raïs, dit plus tard « Villa du Traité ».

Le 7 juillet, le dey fait évacuer la Casbah. Entre-temps, la panique s'était emparée de la population d'Alger que 10 000 de ses habitants, au moins, désertent. La conquête coloniale française commence.

L'Algérie aux mains des officiers français

1830-1870 : au commencement, pour les militaires français qui arrivent sur la terre d'Algérie, les choses sont relativement simples. Il y a les « indigènes » et les colons, les autochtones et les envahisseurs, les primitifs et les « civilisés ». Au temps de la conquête, les rapports de domination constituent la règle. Puis commence l'ère des ambitions, car « pacifier » ne suffit pas. Après quelques mois passés dans le pays, des officiers, des fonctionnaires, des intellectuels de la métropole adoptent un point de vue sur tout : l'administration, le sort des communautés indigènes, la mise en valeur du pays. L'armée se préoccupe assez vite de découvrir cet *autre* qui l'intrigue, le trouble et surtout lui résiste. Les militaires tentent de saisir de l'intérieur cette Algérie à peine conquise mais non comprise. Lorsque, en 1837, le ministre de la Guerre décide d'entreprendre l'exploration scientifique, vaste publication qui devait demeurer inachevée, il trouve sur place des officiers comme Carette ou Pelissier de

Reynaud qui accomplissent un travail de sociologues, d'historiens, de linguistes. On doit à Carette, entre autres [10], des *Études sur la Kabylie* (deux volumes, 1848) et à Pelissier de Reynaud trois volumes des *Annales algériennes* (1854), véritable tableau de l'histoire des premières années de la conquête [42]. Le capitaine Daumas appartient à cette tendance d'officiers historiens-géographes, parmi beaucoup d'autres. Les premiers numéros de la *Revue africaine*, lancée en 1856, comme les enquêtes des militaires, rendent bien compte d'un esprit d'observation et d'une volonté de connaissance du milieu « indigène ». Les travaux du capitaine de Neveu sur les *Khouans*, tous ceux qui traitent de la Kabylie de Daumas à Faber visent à révéler l'adversaire, les confréries religieuses d'abord, puis les minorités ethniques [16]. Au moment où se constitue ce qu'on appellera au XIXe siècle « l'orientalisme », cette histoire militaire liée à l'exploration des mondes nouveaux donne naissance à toute une série de récits où se retrouvent pêle-mêle les différentes communautés-mosaïques composant l'univers « mystérieux » de l'Orient.

Les militaires détiennent le pouvoir effectif, mais sont divisés sur la marche à suivre. Occupation restreinte ou totale ? La réponse à cette question détermine aussi leur attitude à l'égard des « indigènes ». Les partisans de l'occupation restreinte ont pour nom Berthezène (février-décembre 1831), Voirol (avril 1833-juillet 1834), Desmichels (1834), Trézel (1835) et Damrémont (novembre 1836-octobre 1837). Conception qui se heurte à l'opinion de plus en plus fortement exprimée des adeptes de « l'occupation totale », du système de « domination absolue » inventé par Clauzel, commandant de l'expédition d'Algérie d'août 1830 à février 1831 et gouverneur général de juillet 1835 à février 1837. Avec lui, le commandant en chef Rovigo (décembre 1831-avril 1833), le gouverneur Vallée (octobre 1837-décembre 1840), mais surtout le général Bugeaud. Car l'armée française se heurte à une forte résistance. À l'intérieur du pays, les confréries religieuses appellent à la « guerre sainte ». Si les Français prennent possession de quelques points du littoral (Bône occupée en 1831, Arzew et Mostaganem en 1833), le reste du pays leur échappe complètement. Des chefs indigènes imposent une forte opposition, tels le dey Ahmed dans l'Est, et le vieux marabout de la confrérie Qadriya Mahi Eddin dans l'Ouest. Celui-ci, par son origine chérifienne et son titre religieux, exerçant un réel prestige sur les Algériens musulmans, fait admettre comme émir son fils Abd el-Kader par les tribus de la région de Mascara. Âgé de 24 ans à peine, il se présente comme le « commandeur des croyants » et prêche la guerre sainte. Il réussit à créer une armée régulière. S'engageant dans la pratique du harcèlement, il utilise ses troupes dans des attaques rapides, ce qui rend la vie impossible à l'adversaire. Le premier contact d'Abd el-Kader avec les Français a lieu en 1832 devant Oran. Il attaque à plusieurs reprises la ville défendue par le général Boyer. Ces attaques convainquent l'émir de l'insuffisance de ses forces et de la nécessité d'un compromis provisoire avec les Français, ce qui lui permettrait de les organiser. Son raisonnement aboutit au traité avec le général Desmichels en 1834, qui autorise le commandant d'Oran à traiter sur les bases suivantes : reconnaissance de la souveraineté de la France par Abd el-Kader qui prêterait hommage au roi ; investiture d'Abd el-Kader par le roi comme bey ; passage par Oran de toutes les importations et exportations des indigènes...

En outre, Desmichels avait approuvé une note d'Abd el-Kader demandant que les Arabes aient la liberté d'acheter de la poudre, des armes et du soufre, et que le port d'Arzew soit réservé au commerce indigène. Ce traité était en fait à l'avantage d'Abd el-Kader, qui pouvait dès lors se considérer comme le souverain indépendant de l'Oranie.

Le général Trezel veut marcher sur Mascara, siège du gouvernement de l'émir, mais constatant l'insuffisance de ses troupes, se replie sur Arzew. Au défilé de la Macta, ses troupes sont attaquées le 28 juin 1835 par celles d'Abd el-Kader et perdent 500 hommes, tués et blessés. L'affaire provoque en France une vive émotion : des renforts sont envoyés en Algérie, et le gouverneur général Drouet d'Erlon est remplacé par Clauzel. Celui-ci décide la reprise de la guerre ouverte. Il prend Mascara, installe une garnison française à Tlemcen, soumet les tribus du Cheliff, et chasse de Médéa le représentant de l'émir. La résistance à cette nouvelle conquête est vive. Le 25 avril 1836, les troupes du général d'Arlanges subissent un grave échec à Sidi Yacoub, près de la Tafna. Dans l'Est, l'expédition de Clauzel pour prendre Constantine, en novembre 1836, échoue (un millier de tués). Un nouveau traité de paix s'impose.

L'homme du traité, c'est le général Bugeaud, qui arrive à Oran le 15 avril 1837 et ouvre tout de suite des négociations avec Abd el-Kader. Le général était investi directement par le gouverneur d'une mission spéciale dont l'objet principal consistait à conclure la paix avec l'émir. Dans l'esprit du roi et de ses ministres, il était indispensable de s'assurer la tranquillité à l'ouest avant d'entreprendre, si l'on devait s'y résoudre, une nouvelle campagne vers Constantine. Après diverses péripéties marquées notamment par la rivalité entre Bugeaud et le général Damrémont pour savoir lequel des deux signerait la paix, le traité est signé le 30 mai 1837 à Rachgoun. Il comprenait quinze articles et devint célèbre sous le nom de traité de la Tafna. Sitôt connus, les termes du traité provoquèrent la stupéfaction de Damrémont et, plus tard, de bien d'autres officiers.

La paix prend des allures de défaite ; encore l'opinion ignorait-elle l'étendue des concessions faites par Bugeaud. Il y avait, comme en 1834, des clauses sévères ; Bugeaud ne se contente pas de reconnaître une large souveraineté à l'émir, il s'engage à l'aider : fourniture de 3 000 fusils et de plusieurs dizaines de quintaux de poudre, mise à l'écart ou exil des opposants indigènes à l'émir. Et, en contrepartie, Bugeaud demande 100 000 boudjous, soit 180 000 francs-or, somme considérable à l'époque.

Jugeant ce nouveau traité trop défavorable, la France décide la reprise de la guerre contre Abd el-Kader. En décembre 1840, Bugeaud est nommé gouverneur général de l'Algérie. Sous son impulsion, les effectifs de l'armée passent de 60 000 en 1840 à 90 000 en 1844, et à 107 000 en 1847. Campagnes ininterrompues, marches forcées, colonnes mobiles, postes fortifiés sont les instruments de cette guerre nouvelle que Bugeaud veut livrer. L'adversaire, pour lui, doit être chassé, traqué, détruit.

À partir de 1841, des colonnes parties de Mostaganem, de Médéa et d'Oran enlèvent les principaux centres de l'émir : sa capitale Mascara, ses forteresses comme Tagdempt, ses places importantes commandant les districts de Boghar, Taza, Saïda, Sebdou, Tlemcen… La bataille se poursuit dans l'Ouarsenis, avec une violence inouïe. Il reste à Abd el-Kader les espaces des hauts plateaux. En mai 1843, le duc d'Aumale s'empare de la « Smala », ville « volante » de l'émir se déplaçant avec lui, à la fois capitale et gouvernement. Abd el-Kader réussit à s'enfuir au Maroc pour poursuivre son combat. Mais refoulé par les troupes chérifiennes vers la frontière, ne pouvant plus s'échapper vers le sud, Abd el-Kader se rend au général La Moricière le 23 décembre 1847. Pendant cette guerre, les exemples d'exactions (razzias et autres « enfumades ») sont nombreux. L'étude de Mostefa Lacheraf, *Psychologie d'une conquête* [59], souligne certains faits particulièrement éloquents : Saint-Arnaud, en 1842, détruit une partie de Blida ; Cavaignac inaugure les « enfumades » en asphyxiant des insoumis dans des grottes sur la rive gauche du

Cheliff ; Canrobert rase un village dans l'Aurès pour « terroriser les tribus » ; Pélissier, colonel de la colonne Bugeaud, enfume et asphyxie un millier d'hommes de la tribu des Ouled Riah, réfugiés dans des grottes... Ce qui fera dire à un membre de la commission d'enquête constituée par le royaume de France en 1833 : « Nous avons dépassé en barbarie les Barbares que nous venions civiliser. »

Napoléon III et le « royaume arabe »

Arrivé au pouvoir en 1852, celui qui n'est encore que le prince-président se rend en personne à Amboise, où l'émir Abd el-Kader, ancien chef de la résistance algérienne à la pénétration française, est retenu captif par la IIe République, au mépris des promesses du duc d'Aumale, fils de Louis-Philippe, qui reçut sa reddition. Napoléon III le fait libérer et songe même un temps à le nommer vice-roi d'Algérie. Pour modérer la fringale de terre des quelque cent mille colons européens déjà installés en Algérie, il y avait rétabli le régime militaire, plus apte à ses yeux « à faire le bonheur de nos ennemis de la veille », soit près de trois millions de musulmans.

Entre son premier et son second voyage outre-Méditerranée (1860 et 1865), Napoléon III a déjà répondu aux partisans de la colonisation européenne à outrance qu'« il refuse d'infliger [à la population arabe] le sort des Indiens de l'Amérique du Nord, chose impossible et inhumaine », voulant au contraire faire prospérer « cette race [arabe] intelligente, fière, guerrière et agricole ».

Accueilli par 20 000 curieux à Alger, le 3 mai 1865, Napoléon III, après avoir transmis le salut de leurs compatriotes aux Français d'Algérie, enchaîne très vite avec une manière de mise en garde : « Traitez les Arabes, au milieu desquels vous devez vivre, comme des compatriotes ! » [2]. Dans ce voyage, il est accompagné d'Ismaël Urbain. Cet humble personnage, qui fut notamment correspondant du *Temps* en Algérie, mais aussi un haut fonctionnaire de l'administration coloniale, est le principal conseiller occulte du monarque en matière algérienne. Métis de Guyane, élevé à Marseille, adepte du socialisme saint-simonien, il s'est converti à l'islam en Égypte, puis est venu en Algérie. Il canalise, au cours du long périple impérial de cinq semaines en Algérie, l'exaltation arabophile de l'empereur vers des solutions concrètes, destinées à faire en sorte que la présence française en Afrique du Nord sauvegarde la société arabe en l'amenant doucement vers la modernité au lieu de la brusquer ou, pis encore, de la refouler vers le Sahara. Séduit par ce qu'il a vu de la société musulmane en Algérie, le fondateur du second Empire rentre en France la tête pleine de projets visant à mettre sur pied l'égalité politique et économique entre la métropole et sa province ultramarine. « L'Algérie n'est pas une colonie [...] mais un royaume arabe [...] et je suis aussi bien l'empereur des Arabes que celui des Français ! » proclame-t-il dix jours après son retour, en dépit du mécontentement des colons qui voulaient un rattachement pur et simple à la nation mère.

Ce projet généreux, imaginatif, porteur en tout cas de la volonté de traiter de la même manière Arabo-Berbères conquis et Européens conquérants, aurait dû notamment se traduire, sur le terrain, par une promotion de la « colonisation-développement » (en quelque sorte une coopération technique). La défaite de 1870 emporte ce « rêve arabe » de la France que Lyautey ambitionnera plus tard de réaliser au Maroc [62].

Du militaire au colon, le régime colonial

Depuis la chute de la régence d'Alger en 1830, et jusqu'en 1871, l'armée coloniale française a mené une politique d'effacement des cadres économiques et politiques traditionnels. L'histoire de l'Algérie à ce moment est largement celle de l'insurrection des tribus et des sociétés villageoises, montagnardes, pour conserver leurs terres et s'opposer à l'expropriation des terres collectives par la colonisation.

Cette implantation armée, base première de la colonisation, donne lieu à des hésitations continuelles qui sont le fait du gouvernement de Paris. La France ne sait toujours pas ce qu'elle veut. L'armée du second Empire, après des méthodes d'installation brutales, préconise une politique d'assimilation dont elle n'a pas les moyens. Les colons savent bien ce qu'ils veulent, mais mal comment y parvenir.

Pendant toutes ces années de conquête, l'Algérie était demeurée aux mains des militaires ; désormais, elle devient le bien presque exclusif des colons installés dans le pays. 1871 est en effet l'année du juste retour des choses selon les vœux des colons. L'armée a perdu tout droit à la parole, le rôle du sabre doit se terminer. Instrument de la conquête, elle ne saurait que céder le pas aux seuls artisans de la rentabilisation coloniale. Elle doit résoudre une bonne fois pour toutes la question indigène et retourner dans ses casernes. Une Algérie dans laquelle les musulmans n'auront plus aucun poids politique, les Juifs auront été intégrés selon les normes économiques, sera le bien des colons, l'armée perdant sa fonction initiale.

Aux incertitudes des précédentes années concernant le destin de l'Algérie, succède donc, après 1871 (défaite de Mokrani en Kabylie), une politique continue, fermement appliquée, qui donne tout son sens à la période proprement coloniale de l'Algérie française. L'Algérie, assimilée à la France, devait devenir son simple prolongement outre-Méditerranée. Une Algérie constituée de trois départements français « franciserait » à jamais les territoires du Maghreb central. La France entendait rejeter toute éventualité de retour en arrière, et même toute possibilité de protectorat, comme ce sera le cas en Tunisie et au Maroc, et visait à y assurer l'assujettissement absolu et complet des liens et de la force de travail de sa population aux besoins et intérêts de la colonisation. Les colons bénéficiaient de tous les droits. Les colonisés restaient justiciables de dispositions d'exception oppressives, faisant d'eux non point des « citoyens » mais des « sujets » taillables, corvéables et condamnables à merci. En 1881, est établi un Code de l'indigénat qui codifie ces dispositions répressives. À ce moment-là, le cadre politique et général n'est déjà plus celui d'une province française. L'Algérie est d'ailleurs rattachée administrativement au ministère de l'Intérieur. Les lois de 1898 et 1900 dotent le pays d'une personnalité civile, d'une assemblée coloniale élue, de délégations financières et d'un budget spécial.

Un régime colonial différent de la Tunisie et du Maroc

Les textes élaborés à Paris concernant Alger reflètent un « climat » international ; ils traduisent les compétitions entre puissances européennes, et le degré d'avancement du capitalisme français. Toute la période de 1871 à 1919 en est marquée. En effet, la reprise de la conquête coloniale et la compétition mondiale impliquaient un contrôle plus direct de l'Algérie. Aussi le conflit avec l'Allemagne à propos du Maroc, le réarmement européen imposent-ils la conscription pour les Algériens. Conscription qui provoque une vive résistance et l'exode d'une partie des habitants de Tlemcen en 1911 en direction du Moyen-Orient. C'est ce contexte international, marqué par la concurrence entre les différentes puissances à la fin du XIXe siècle et à l'aube du XXe siècle (l'opposition des impérialismes anglais, puis allemand, à l'impérialisme français) qui explique en grande partie les conditions dans lesquelles se sont opérées les mises sous tutelle du Maroc et de la Tunisie.

La défaite française de 1870 devant la Prusse marque un coup d'arrêt à la politique d'expansion coloniale. Sa faiblesse apparaît au congrès de Berlin (13 juin-13 juillet 1878), congrès de dépeçage des colonies. Avec Jules Ferry, la politique coloniale redémarre. L'enjeu est clairement défini : l'industrie ne peut compter uniquement sur le marché intérieur ; il lui faut des débouchés ; il faut donc affronter les autres puissances.

S'il n'est plus possible de revenir en arrière en Algérie sans se heurter à l'hostilité des colons, il faudra s'orienter, pour la Tunisie et le Maroc, vers la forme politique et économique du protectorat. L'Algérie, colonie de peuplement, présentera une grande différence de régime colonial avec ses voisins de l'est et de l'ouest de l'Afrique du Nord où il ne sera pas question de peupler massivement le territoire de colons français. En Tunisie, placée sous protectorat par le traité du 12 mai 1881, comme au Tonkin et plus tard au Maroc en 1912, il suffira que la terre soit aux Français : la main-d'œuvre restera indigène. On fera donc appel à de grandes sociétés capitalistes pour la mise en valeur. L'établissement du protectorat au Maroc dure près de douze ans, de 1900 à 1912, car la course aux territoires africains, régularisée et organisée à Berlin en 1878, se précipite. Le choix politique du protectorat s'impose, car il eût été impensable de faire au Maroc et en Tunisie la même chose qu'en Algérie, face aux appétits de l'Angleterre, de l'Allemagne, de la Belgique, de l'Italie et du Portugal... La France est donc contrainte de ne pas procéder de la même manière pour tout le Maghreb. Ainsi, en Tunisie, le bey s'engage à procéder aux réformes administratives, judiciaires et financières que le gouvernement français juge utiles, et s'interdit de contracter à l'avenir quelque emprunt sans l'autorisation du gouvernement français. La Tunisie ne devient donc pas une colonie administrée par des fonctionnaires français, elle reste un État relevant du ministère des Affaires étrangères. Le contrôle français s'exerce par l'intermédiaire d'un résident général, théoriquement ministre des Affaires étrangères du bey, mais qui en fait commande l'armée, nomme les caïds à la tête de chaque village, etc. Le scénario se répète au Maroc avec un sultan et un résident général.

Démembrement et spoliation des terres agricoles

« Il n'y a à saisir en Afrique qu'un intérêt, l'intérêt agricole... Eh bien, je n'ai pu découvrir d'autre moyen de soumettre le pays que de saisir cet intérêt », écrit le général Bugeaud qui, à partir de 1840, décide de conquérir et de coloniser le pays tout entier. Et, en effet, jusqu'en 1914, la colonisation lie son avenir économique presque uniquement à l'agriculture. Colonisation et colonisation agricole deviennent en Algérie synonymes au point que le mot colon, qui désigne surtout les habitants des colonies par rapport à la métropole, signifie, pour les Européens d'Algérie, les seuls agriculteurs. L'Algérie ignorait l'institution européenne de la propriété privée absolue avant l'arrivée des Européens ; elle ne connaissait qu'une hiérarchie compliquée de droits d'usage. Ceux-ci se décomposaient en deux grandes catégories de statuts : les droits du bey en sa qualité de souverain, et les droits des tribus.

Les terres du bey étaient de trois sortes : les terres *melk* étaient allouées à des particuliers, mais le souverain conservait sur elles un droit ultime ; les terres *beylik*, les meilleures, étaient cultivées sous l'administration directe du bey ; enfin les terres confisquées aux tribus rebelles. Pour les autres terres, inaliénables, les droits appartenaient à la tribu tout entière en indivision (terres *arch*), mais tout membre de la tribu travaillant la terre avec sa charrue pouvait prétendre au droit d'usage héréditaire et à l'appropriation du produit.

Après la conquête, l'État français, en tant que successeur des droits de souveraineté, saisit les terres *beylik*, puis les partage et les distribue aux colons français. Les mesures de « cantonnement » prises entre 1847 et 1863 ont eu pour objectif de rendre des terres disponibles pour la colonisation, prenant prétexte de distinctions entre terres *arch* et terres *melk*. Officiellement, cette politique visait à reconnaître aux « indigènes » des droits sur certaines propriétés. En fait, cette propriété ne fut reconnue que sur des portions « resserrées » des territoires, l'État en saisissant la majeure partie. Les tribus deviennent « propriétaires des territoires dont elles ont la jouissance permanente et traditionnelle », précise le senatus-consulte du 22 avril 1863. Que les meilleures parcelles aient changé de main à l'occasion, que le fellah « cantonné » n'ait plus que trois hectares en moyenne pour survivre, peu importe ! Cette spoliation est présentée comme œuvre de progrès. Cet acte légal produit un double effet. D'une part, il détruit d'un seul coup la pyramide des droits qui avaient assuré jusqu'alors la subsistance du modeste cultivateur en empêchant que la terre fût une marchandise circulant librement. D'autre part, en jetant toutes les terres musulmanes sur le marché libre, il permet aux colons français de les acheter ou de s'en emparer.

Les Français saisissent les terres des fondations religieuses *(habbous)*. Ces saisies violent elles aussi un ensemble compliqué de droits d'usage. De nombreux particuliers et beaucoup d'organisations avaient fait don de leurs terres à des mosquées en échange d'un droit d'usage perpétuel sur une partie de celles-ci.

À la chute de l'Empire, délimitations et répartitions ne sont qu'en partie effectuées. La guerre de 1870 et le changement de régime bouleversent les données et les rapports de forces. Les délimitations prévues par le senatus-consulte de 1863, interrompues en 1870, ne reprennent vraiment qu'à partir de 1873, pour ne se terminer qu'en 1927. Les lois du 26 juillet 1873 (loi Warnier) et du 22 avril 1887 permettent aux Européens d'acquérir ou de porter leurs possessions à 400 000 hectares. Le but essentiel de toutes ces lois sur la propriété n'est-il pas, comme le reconnaissait le président de la cour d'Alger, « de livrer au marché français la terre indigène » ? Sous prétexte de protéger ces terres, on en « francisait » d'autres. Le bilan dressé par Charles-Robert Ageron démontre que, entre 1871 et 1919, 870 000 hectares ont été livrés aux colons. Ceux du département d'Alger réussissent à quadrupler leurs possessions durant cette période (de 100 000 à 400 000 hectares). Les musulmans avaient perdu, en 1919, 7 millions et demi d'hectares, que l'État et les particuliers, les grandes sociétés capitalistes, s'étaient partagés [1].

Le secteur « moderne » agricole se concentre dans la région la plus favorable de l'Algérie : le Tell (98 % des spoliations). L'application des lois françaises sur la propriété privée de la terre s'accompagne d'un programme de démembrement des grandes tribus. Ces tribus ne constituent pas des unités homogènes de parents, membres égaux descendant d'un ancêtre commun. Tout au contraire, elles se composaient généralement de fractions d'origine et de statut social différents, regroupées en raison de leurs liens avec le lignage principal de la fraction dominante. Quand on évoque des tribus, il s'agit de coalitions formées autour d'un groupe de chefs. Les Français proposèrent d'abolir les droits à la terre résultant de l'affiliation tribale non seulement comme un moyen d'instituer la propriété privée de la terre, mais aussi comme un moyen de détruire le pouvoir indépendant des

« La société musulmane, en Afrique, n'était pas incivilisée ; elle avait seulement une civilisation arriérée et imparfaite. Il existait dans son sein un grand nombre de fondations pieuses, ayant pour objet de pourvoir aux besoins de la charité ou de l'instruction publique. Partout nous avons mis la main sur ces revenus en les détournant en partie de leurs anciens usages ; nous avons réduit les établissements charitables, laissé tomber les écoles, dispersé les séminaires. Autour de nous les lumières se sont éteintes, le recrutement des hommes de religion et des hommes de loi a cessé ; c'est-à-dire que nous avons rendu la société musulmane beaucoup plus misérable, plus désordonnée, plus ignorante et plus barbare qu'elle n'était avant de nous connaître. »

Alexis DE TOCQUEVILLE, *Rapport sur l'Algérie*, 1847.

grands lignages. Ils y réussirent, d'une part, en dépouillant les lignages principaux de leur influence politique ; d'autre part, en cantonnant la population dans des groupes de peuplement séparés ou douars et en conférant les droits à la terre davantage en fonction de l'appartenance tribale. La plupart des douars, bientôt constitués de fractions issues de tribus différentes, provoquèrent le déclin des grandes tribus et celui des grands seigneurs [56]. La destruction de ces unités tribales et du pouvoir incarné par leurs chefs engendra plusieurs conséquences. Ceux-ci ne peuvent plus procéder en temps de famine aux distributions gratuites des réserves de grains provenant des dons et impôts de leurs sujets tribaux. La loi de 1863 met également fin aux distributions de bienfaisance des « loges » religieuses locales *(zaouïas)* tirant leurs ressources des biens *habbous*. Ces propriétés, une fois devenues terres privées, se trouvent jetées sur le marché. D'autre part, les nouveaux douars négligent de plus en plus cette coutume traditionnelle qu'était la constitution de réserves alimentaires dans des silos communaux. Ainsi disparaît tout un ensemble de défenses économiques vitales, laissant la population rurale totalement dépendante des prêteurs d'argent et des marchands de crédit en temps de disette.

III / Minorités françaises et population musulmane

« Pieds-noirs » : une grande diversité de provenances

« Pieds-noirs » : comment déterminer l'origine exacte de ce terme ? Les uns expliquent que le mot aurait été inventé par les Arabes, surpris de voir les soldats de 1830 débarquer bottes noires aux pieds. Certains racontent qu'il s'agirait de la couleur des pieds des vignerons d'Algérie foulant le raisin pour en faire du vin. D'autres explications encore peuvent être avancées. De toute façon, les Français d'Algérie ne découvriront cette caractérisation qu'au moment de leur arrivée en métropole... en 1962.

Entre la fin de la Première Guerre mondiale et les premiers coups de feu de novembre 1954, s'enracine durablement leur sentiment d'appartenance à un pays, l'Algérie. La population européenne passe en effet de 833 000 habitants en 1926 (657 000 Français et naturalisés, 176 000 étrangers) à 984 000 en 1954. À cette date, 79 % environ sont nés sur le sol de l'Algérie. Quelle que soit leur origine, ils se considèrent comme appartenant à une « France algérienne », les « Français de France » étant perçus comme des compatriotes différents. Déjà, en 1898, un haut fonctionnaire parisien détaché à Alger observait : « Il s'est formé ici une race nouvelle qui possède des qualités précieuses d'initiative et d'énergie. »

Les épisodes principaux de la période héroïque restent présents dans les mémoires : les labours avec les bœufs, la découverte des grands espaces, les colonnes d'artillerie dans la tourmente des éléments naturels, la résistance farouche des Algériens musulmans, le voyage étrange de Napoléon III avec son projet de « royaume arabe » en 1863, l'arrivée de Drumont « l'antijuif » accueilli par une foule d'Alger en délire en 1898... Autant d'événements qui dessinent les contours d'une sensibilité faite d'outrance, de fierté et de méfiance à l'égard d'une France aimée, mais trop lointaine. C'est pourquoi, d'ailleurs, même si l'Algérie a été intégrée directement à la France à partir de 1881 au plan institutionnel, la loi du 29 décembre 1900 lui confère une personnalité civile et un budget spécial. Mais qui sont ces nouveaux « Français algériens » ?

Après le débarquement français à Sidi-Ferruch en 1830, des émigrants de métropole ont suivi l'armée. Ainsi que le voulait Bugeaud, les laboureurs vont remplacer les soldats. Mais la nouvelle communauté grandit lentement. Aux batailles meurtrières, souvent cruelles et sanglantes, livrées contre les populations musulmanes, succèdent d'autres combats. Contre le sol, le climat, l'épidémie. Les pertes sont nombreuses et beaucoup renoncent : de 1842 à 1846, on dénombre 198 000 arrivées et 118 000 départs. Et plus de morts que de naissances. En 1842, 90 des 300 habitants de Boufarik meurent de paludisme. La même année à Marengo, 250 émigrants sont décimés par le choléra. En 1849, à Mondovi, 250 personnes sont victimes du paludisme. Dans les premiers villages de colonisation, les « pionniers » luttent contre un environnement hostile : calamités naturelles, voleurs qui s'attaquent aux récoltes et Algériens musulmans harcelant les propriétaires pour réclamer ce qui leur est dû. L'image de l'Eldorado promis se brouille devant leurs yeux. L'allure des émigrants est parfois plus proche de celle du vagabond-aventurier que du conquistador [33].

Pour renforcer la colonie, il faudra les déportations successives des républicains hostiles à Louis-Philippe puis à Napoléon III. Ses éléments « dangereux », la France en a envoyé une partie outre-Méditerranée, comme le soulignait un député de l'époque : « Il s'agissait plus de donner un coup de balai dans les rues de Paris que de coloniser l'Algérie. » Les réprouvés de 1848, les déportés du second Empire, les sans-le-sou de l'immigration se réclament du libéralisme républicain. Lors du plébiscite du 8 mai 1870, la colonie algérienne se prononce contre Napoléon III (13 850 « non » contre 11 160 « oui »), puis accueille favorablement la Commune de Paris. Ces premiers Français d'Algérie, mélange de paysans déclassés par la révolution industrielle en France et de « quarante-huitards » exilés, ensuite de communards, vont acquérir progressivement une mentalité de petits propriétaires terriens. Et cette vieille tradition républicaine, amalgame d'individualisme paysan et d'attachement à la liberté, restera vivace parmi une partie des populations européennes d'Algérie.

Dans la période qui suit la défaite du Second Empire, la France s'engage dans une politique de colonisation officielle. Elle espère réaliser un peuplement rural français grâce à la concession gratuite de terres. Le traité de Francfort, qui enlevait l'Alsace et une partie de la Lorraine à la France, amène plusieurs milliers d'Alsaciens fidèles à chercher au sud de la Méditerranée des terres nouvelles à exploiter. Les noms des villages créés en Algérie jalonnent cette page d'histoire : Strasbourg, Kléber, Belfort... La colonisation officielle s'adresse ensuite de préférence aux paysans du sud de la France. Les Corses, en particulier, constituent en 1896 le contingent régional le plus important, puis viennent ceux des Pyrénées-Orientales, des Hautes-Alpes, de la Drôme et du Gard.

Tous vont devenir à la fois des amants passionnés et des fils dévoués de cette Algérie, resplendissante de la beauté dépouillée des rivages méditerranéens. Sur cette terre, ils ont le sentiment de se retrouver en pays connu : le vigneron de l'Aude dans les plaines de Bône, le paysan bas-alpin en Kabylie, celui du Haut-Languedoc sur les hauts plateaux de Sidi-bel-Abbès ou de Sétif... Ces Méridionaux français, exclus de la révolution industrielle, vont rencontrer d'autres émigrants du bassin méditerranéen : Espagnols, Italiens, Maltais...

Poussée par une misère plus grande encore, apparaît en effet, tout au long de la fin du XIXe siècle, la vague d'émigrants des rivages méditerranéens. Les Espagnols d'abord, parce qu'entre les « contrées barbaresques » et le royaume d'Espagne, l'histoire a tissé des lignes séculaires. Ils sont près de 35 000 en Algérie dans les débuts de l'arrivée française, en 1849. En 1886, ils sont 160 000 à avoir quitté l'Espagne, et constituent de véritables fiefs, en Oranie tout spécialement. En 1851, Arzew comprend par exemple 700 Espagnols pour 170 Français. En 1911, dans toute l'Oranie, on compte 95 000 Français d'origine ; 92 000 Espagnols naturalisés français ; 93 000 Espagnols restés étrangers : « Ainsi, deux individus de sang espagnol vivaient à côté d'un Français d'origine », note le démographe H. Weiler [54]. Longue aussi est l'histoire des liens entre l'Italie et l'Algérie : présence romaine au début de l'ère chrétienne, transactions commerciales constantes... En 1886, 35 000 Italiens sont regroupés principalement à Constantine et à Bône. Il y a enfin les Maltais, qui vont répondre à l'appel du colonisateur et se retrouver dans un pays qui ressemble étrangement au leur. En 1886, on compte 15 553 Maltais répartis dans l'Est, à Bône surtout, et dans les villes portuaires, à Alger notamment, où ils feront du quartier des Tagarins leur territoire.

En Algérie, ces émigrants reprennent leurs activités d'origine. Maraîchers et journaliers espagnols qui s'enracinent en Oranie ; maçons italiens dans l'Est ; Maltais qui se font chevriers, boutiquiers. La difficulté d'accès à la terre refoule la plupart d'entre eux vers les villes où ils s'installent. Ils risquent de dépasser en nombre la colonie française. La loi du 26 juin 1889 impose donc la citoyenneté française, qui « naturalise automatiquement tout étranger né en Algérie s'il ne réclame pas à sa majorité la nationalité d'origine de son père » [3]. En 1886, on compte 219 000 Français et 211 000 étrangers ; en 1896, 318 000 Français (dont 50 000 naturalisés) et 212 000 étrangers. À partir de 1896, le nombre des Européens nés en Algérie l'emporte sur celui des immigrés. Moment charnière qui voit la naissance d'un peuple original sur la terre d'Algérie, sorte de brassage méditerranéen. Reste à savoir si, pour les ex-sujets des rois d'Espagne et d'Italie, devenir citoyens de la République, c'était prendre un passeport pour la richesse...

Les hommes de toute provenance (France ou Europe du Sud), souvent jeunes, qui se lancent dans l'entreprise de colonisation, s'installent d'abord aux environs immédiats d'Alger, et dans la bande côtière du Sahel. En 1838, un centre d'agriculture voit le jour près du camp permanent de Boufarik. 562 lots de culture d'un tiers d'hectare sont constitués. À partir de 1840, une quarantaine de « centres » de colonisation sont créés, où les colons « officiels » obtiennent des conditions avantageuses (concession d'une maison de valeur moyenne de 5 000 francs, 12 hectares cultivables dont une partie à défricher). De 1871 à 1882, 347 268 hectares valant 43 millions de francs sont concédés gratuitement à la colonisation officielle. L'administration crée de plus 197 villages de colonisation, peuplés en 1882 de 30 000 habitants dont près de la moitié, 14 137, sont recrutés sur place. La colonisation libre progresse dans le même temps.

À la veille de la célébration des fêtes du centenaire de la conquête de l'Algérie, en 1930, certains des centres de colonisation rurale ont végété, comme dans la région de Batna, mais d'autres ont grandi et sont devenus des gros bourgs. Ils portent pour noms Aumale, Duperré, Nemours, Michelet, Montesquieu, La Fayette, Colbert, Ampère... Gros villages aux noms de généraux et politiciens quelquefois oubliés, de poètes et de savants, plantés dans le bled entre leur église néogothique et leur mairie, parfois à colombages alsaciens.

Les centres de colonisation connaissent un grand dynamisme grâce à la vigne. Alors que le blé permettait au petit colon sans capitaux de s'installer, voilà que la ruine du vignoble français à la fin du XIXe siècle par le phylloxéra se présente comme une chance. Pour suppléer à la baisse mondiale des prix des produits céréaliers, les colons tentent une nouvelle aventure. La surface des vignobles cultivés par les Européens, qui était de 15 000 hectares en 1878, passe à 167 000 hectares en 1903. Le blé ne disparaît pas pour autant, et se développe comme culture de spéculation. Les grands domaines se généralisent. Les grosses propriétés céréalicoles et viticoles « européennes » absorbent les petites concessions. Selon l'historien Charles-Robert Ageron, en 1930, le « quart des propriétaires ruraux européens disposent d'exploitations supérieures à 100 hectares » [1].

La trajectoire de la famille Duroux illustre bien ce bouleversement. Jacques Duroux, sénateur d'Alger de 1921 à 1938, gros colon dont la fortune est évaluée à 200 millions de francs en 1927, est le fils de Jean Duroux, ancien soldat de l'Armée d'Afrique devenu gendarme, puis colon. En 1914, la fortune des Duroux est déjà très diversifiée : plus de mille hectares de vignes et de blé, une minoterie, une usine de produits chimiques, une miroiterie qui sera la plus importante d'Algérie. Jean et Jacques Duroux sont les plus gros actionnaires de la Compagnie algérienne de meunerie qui domine le marché des blés d'Algérie.

Alors, tous des « nababs », les colons pieds-noirs ? Comme partout où naît un pays neuf, des fortunes s'édifient en Algérie. Considérables, assises sur la terre et la mer, le vin, le blé ou les bateaux... Mais comment amalgamer les Duroux à la famille du jeune Albert Camus qui, à sa manière, exprime d'autres trajectoires sociales du « peuple pied-noir » ? Le père d'Albert Camus descendait de petits colons français arrivés dès les débuts de la colonisation. Il est caviste dans un grand domaine, puis abandonne son travail pour se faire embaucher dans une société de commerce de vin du port d'Alger. Albert Camus grandit rue de Lyon, dans le quartier populaire très mêlé de Belcourt à Alger auprès de sa famille maternelle, les Sintès, d'origine espagnole, et composée d'ouvriers agricoles. Il est pupille de la nation, reçoit une bourse pour continuer ses études. On connaît mieux la suite...

L'apport du christianisme

La disparition du catholicisme en Algérie, après les années où saint Augustin établit le pont entre l'Orient et l'Occident, est intimement liée à l'histoire des Vandales, des Byzantins et des Arabes. Il faut attendre la conquête française du XIXe siècle pour que s'opère le retour du catholicisme sur cette terre d'Afrique. La grande figure qui domine cette histoire religieuse de la colonisation est sans conteste celle du cardinal Charles-Martial Lavigerie. Désigné par Pie IX, par décret du 12 janvier 1867, archevêque d'Alger, il fixe ainsi son programme dans son premier mandement : « Faire de la terre algérienne le berceau d'une nation grande, généreuse, chrétienne, d'une autre France en un mot. » [19]

Comme agents de la propagation du christianisme, les jésuites s'établissent en Algérie à partir de 1840, fondent des orphelinats (Ben Aknoun et Boufarik) et des missions en Kabylie. La congrégation des prêtres de Sainte-Croix-du-Mans et l'Institut des frères de Saint-Joseph de la même ville, les trappistes qui posent la première pierre de leur monastère à Staoueli, le 14 septembre 1843, aident également à l'établissement du christianisme.

Un autre aspect doit être retenu pour saisir l'importance religieuse dans la « communauté pied-noir » : la présence des Méditerranéens, particulièrement les Espagnols. Amortir le choc de la rupture avec la terre natale passe par la perpétuation de la ferveur religieuse d'origine, avec le respect du repos dominical et des jours de fêtes religieuses ; la célébration, empreinte d'une solennité toute particulière, des baptêmes, mariages et enterrements ; la participation aux processions... Face à l'islam, l'Église progressivement s'affirme comme instrument de préservation de l'identité des Français d'Algérie.

Juifs d'Algérie : l'entrée dans la cité française

Lorsque, dans l'année 1962, des centaines de milliers de pieds-noirs franchissent la Méditerranée, les métropolitains qui les observent ne font pas de différence. Pour eux, tous appartiennent à la même communauté des Français d'Algérie s'installant massivement en France après l'indépendance de l'Algérie. Les choses ne sont pourtant pas si simples. Il existe bien une histoire spécifique des Juifs d'Algérie dans l'histoire générale des « pieds-noirs ».

Les Juifs sont présents sur cette terre d'Algérie depuis des millénaires, au moment où les Phéniciens et les Hébreux, lancés dans le commerce maritime, fondent Annaba, Tipasa, Cherchell, Alger... D'autres Juifs arrivent ensuite de Palestine, fuyant les Égyptiens d'abord, plus tard Titus. Ils se mêlent aux Berbères, forment des tribus dont l'une sera dirigée par la mythique Kahina, cette femme des Aurès morte les armes à la main à la fin du Vᵉ siècle, après un combat contre les cavaliers arabes. Ces Juifs berbères vont découvrir les Juifs d'Espagne, fuyant au XVᵉ siècle l'Inquisition, emmenant avec eux leur culture raffinée (où Maimonide joua un grand rôle), leur savoir-faire, l'élite de leurs rabbins qui devait unifier les lois du mariage, des successions, des usages... [4].

Lorsque les premiers Français débarquent dans la baie de Sidi-Ferruch, les Juifs d'Algérie sont organisés en « nation ». Leur histoire est donc celle du judaïsme méditerranéen, des Juifs espagnols et des Judéo-Arabes, des Judéo-Berbères, ceux que l'on appelle des « Mustaarazim ». La communauté juive d'Algérie en 1830 compte 25 000 personnes, la plupart très pauvres. Leur situation misérable frappe les observateurs de l'époque. Le consul d'Amérique, Shaler, écrivant sous le règne de Hussein Dey, remarque : « Je vois qu'aujourd'hui les Juifs d'Alger sont peut-être les restes les plus malheureux d'Israël. » C.A. Rozet, dans son *Voyage dans la régence* (1833), décrit les mellahs, sortes de ghettos, groupés autour des synagogues. Généralement insalubres, les maisons étaient situées dans de petites rues étroites, sans air, sans lumière et abritaient toujours plusieurs familles. Il en compte douze groupant soixante-cinq personnes. Dans une petite chambre vivent le père, la mère, cinq enfants [44].

Toutefois, il ne fallait pas confondre ce peuple misérable avec les Juifs francs, en particulier ces Juifs livournais auxquels appartenaient les Bacri, qui jouissaient, eux, sous la protection d'un consul, de toutes les prérogatives des autres Européens. Ces Juifs francs étaient entrés en contact avec les représentants consulaires des puissances européennes, particulièrement la France, l'Angleterre et l'Espagne. Les relations s'étaient développées aussi entre les Européens vivant ou séjournant au pays et des Juifs, car les auberges juives étaient seules à pouvoir recevoir les chrétiens. Les opérations liées au rachat des esclaves chrétiens et aux importations de vivres et denrées diverses avaient entraîné des contacts fréquents. Sur un plan officiel même, les rapports diplomatiques entre l'Algérie et les pays européens s'effectuaient par l'entremise de Juifs portugais établis à Alger. Les plans français de conquête d'Alger considéraient les Juifs comme de possibles et précieux auxiliaires. Dès 1830, les officiers français en furent convaincus. Les réactions des Juifs à l'égard du développement colonial allaient être très diverses, suivant les régions. Alors que dans le Constantinois, les tribus juives nomades « marchaient au pas de leurs chameaux », les Juifs de la région d'Alger et ensuite d'Oran battaient le terrain aux avant-postes du « progrès ». Au contraire des « indigènes » musulmans qui s'enfermaient dans leur mutisme ou se retiraient dans l'intérieur des terres pour ne pas avoir de contact avec l'occupant, les Juifs d'Alger tentèrent très vite de se mêler aux soldats français pour pouvoir commercer avec eux.

Cet ensemble de réactions des Juifs, en fait préoccupés de s'adapter aux nouvelles conditions sans abandonner leurs valeurs traditionnelles, ne leur attire pas pour autant la « sympathie » des cercles militaires. Au fur et à mesure de la conquête, le mépris l'emporte dans l'émergence d'observations multiples. Il ne manque point d'auteurs pour qui les mots Juifs/obscurité/Moyen Âge/barbaresques/barbares/financiers ne sont pas loin d'être synonymes. Dans le maniement des préjugés grossiers, deux officiers vont se distinguer : Saint-Arnaud et Bugeaud. Le premier parle de leur « servilité abjecte » dans sa correspondance. Le second écrit : « Ce qui a le plus contribué à nous faire déchoir dans l'opinion des Arabes, c'est de traiter d'égal à égal avec les Juifs, peuple méprisé, et fort digne de l'être en Afrique, car il est impossible d'imaginer sans l'avoir vu, jusqu'à quel point d'abjection, de fourberie et de rapacité est descendue dans la Régence cette fraction de la nation israélite. »

L'attitude de neutralité adoptée par les Juifs pendant la conquête, l'exemple de l'assimilation des Juifs européens lors de la Révolution française, l'idée que leurs coreligionnaires de France pourraient avoir une « heureuse » influence sur eux, tout cela amène le gouvernement de Louis-Philippe à prêter une grande attention à la minorité juive d'Algérie et à tenter de l'émanciper la première. La nécessité de soustraire les Juifs algériens à leurs rabbins (jugés fanatiques, bruyants, illettrés, parce qu'écrivant en hébreu et en arabe), l'espoir que, placés sous une direction éclairée, ils évolueraient sagement vers la « civilisation » décident le Consistoire israélite de France à demander au gouvernement l'organisation du culte algérien. Les démarches sont faites dans ce sens auprès du ministre de la Guerre. Cela se traduit par les ordonnances du 28 février 1841 et du 26 septembre 1842 confiant la juridiction des Israélites aux tribunaux français. Le 9 novembre 1845, l'ordonnance royale de Saint-Cloud met le judaïsme algérien à la mode française. Elle crée un consistoire central à Alger, un consistoire provincial à Oran, un autre à Constantine. Chaque consistoire adopte pour chef spirituel un grand rabbin choisi parmi ceux sortis des écoles de France, pour dirigeants un président dont on souhaitait qu'il fût d'origine métropolitaine (on ne le trouva pas toujours) et deux autres membres indigènes.

La France colonise l'Algérie, le judaïsme français « colonise » le judaïsme algérien. Une première assimilation se réalise tandis que les musulmans se réfugient dans leurs anciennes institutions. Officiellement, les deux populations continuent à être traitées en égales, mais les circonstances obligent les Français à avoir vis-à-vis d'elles une politique différente ; à tâtons, la France de Louis-Philippe s'engage sur la voie de l'assimilation.

Au moment du Second Empire, les rapports entre les Juifs et la France ne peuvent plus être observés de la même façon. Le 24 octobre 1870, Adolphe Crémieux, ministre de la Justice, soumet 9 décrets au Conseil du gouvernement qui les ratifie. Les plus importants sont ceux établissant le régime civil et celui qui naturalise en bloc les Juifs algériens. Ce décret Crémieux sera d'emblée l'objet de vives critiques, de la part notamment des chefs de l'armée. Mais par lui, la population française d'Algérie s'enrichit de 37 000 nouveaux citoyens. Quarante années suffisent pour constituer une génération-tournant, celle qui connaît deux vies : « Une enfance judéo-arabe, un âge d'homme français », comme le note A. Chouraqui [14]. La naturalisation collective des Juifs d'Algérie en 1870 bouleverse leur univers, les fait se détacher de la communauté musulmane de ce pays. Recensés sur l'état civil, ils apprennent à lire et à écrire, découvrent l'hygiène et la modernité, sortent des petits métiers traditionnels pour entrer dans d'autres professions, sans rien devoir renier de leurs coutumes religieuses ou culinaires.

Selon les générations et les régions, cette intégration dans la cité française connaît des paliers. L'observation des photos de famille témoigne de cette évolution. Si, à la veille de la guerre 1914-1918, les jeunes sont déjà vêtus à l'européenne, les plus âgés conservent le costume oriental. À côté des « évolués » libres-penseurs d'Alger ou d'Oran, on trouve encore de nombreux Juifs traditionnels dans les petites villes de l'intérieur, sans parler de ceux du Mzab ou de Constantine, importantes communautés du pays, qui conservent farouchement leurs particularismes, traditions, langages et musiques judéo-arabes.

L'entrée dans la société française, qui provoque un formidable bond social, ne s'effectue pas sans heurts. Vingt ans après la promulgation du décret Crémieux, l'Algérie connaît une vague d'antisémitisme d'une grande violence. La « crise antijuive » débute à Oran, culmine dans cette ville par des émeutes en mai 1897 et s'accompagne de persécutions diverses dans la vie quotidienne et officielle. À Alger, les émeutiers demandent l'abrogation du décret Crémieux « au nom du peuple en fureur » [17]. Le 8 mai 1898, E. Drumont, célèbre leader antisémite, est élu député d'Alger. À Constantine, le maire Émile Morinaud révoque les employés municipaux juifs et décide d'exclure des listes d'indigence et des hôpitaux ces Français de trop fraîche date à son goût. La fièvre retombe progressivement, mais des Juifs sont molestés, leurs synagogues saccagées. Ils sont accusés d'être des « capitalistes » opprimant le peuple, alors que l'écrasante majorité d'entre eux sont très pauvres (il y a, à la fin du XIXe siècle en Algérie, 53 000 Juifs dont environ 11 000 prolétaires subvenant aux besoins de 33 000 personnes, soit environ 44 000 Juifs dans l'indigence). Lorsque la Première Guerre mondiale éclate, 2 000 d'entre eux iront mourir sur les champs de bataille [14].

Ce que l'on devine à travers ces campagnes antijuives, c'est la dénonciation de l'indigène que l'on a hissé à la nationalité française. Derrière l'antisémitisme, se profile la peur du « péril arabe »...

Les Algériens musulmans

« Êtes-vous français ? » « Algériens nous sommes ! » répond Cayagous, le héros favori du petit peuple pied-noir au début du siècle. Et les autres, ceux qui composent l'immense majorité de la population en Algérie, comment les nommer, les qualifier : « indigènes », « musulmans », « Algériens musulmans » ? Dans l'imaginaire et le vocabulaire de l'époque, ce sont tout simplement « les Arabes ».

En fouillant aujourd'hui photos, archives et écrits, on parvient à savoir de quel œil ils étaient regardés, considérés, avec quels fantasmes, quels rêves aussi. Les cartes postales, très nombreuses, donnent à voir un portrait du colonisé où tout ce qui n'est pas folklore, exotisme reste dans le contre-champ de l'image. Sur ce support de grande diffusion, apparaissent des représentations d'hommes aux visages durs, vêtus de leur burnous brun qui se confond avec le djebel ; des portraits de femmes dévoilées, légendés de manière évocatrice : « Mauresque fumant le narguilé », « chanteuse fellah »... Dans la littérature coloniale, très prolixe elle aussi, des indigènes étonnamment « calmes » existent comme les éléments muets d'un paysage familier dont ils porteraient les couleurs.

Derrière toutes ces illusions photographiques ou littéraires, une évidence s'impose : c'est par les armes et non par l'esprit que l'Algérie a été conquise. La résignation, en forme d'attente, explique le calme apparent de la société musulmane, durement touchée par la colonisation : décadence des grandes familles, affaiblissement de l'artisanat qui ne subsiste que dans quelques cités (Tlemcen, Constantine), « Code de l'indigénat » en 1881 qui instaure une série de pénalités exorbitantes du droit commun et, surtout, dépossession foncière continue pour la paysannerie. La population musulmane, estimée à environ 3 millions de personnes, stagne entre 1830 et 1860 (sous l'effet de la guerre de conquête et de la déstructuration agricole), pour passer à 3,5 millions en 1891 et atteindre près de 5 millions en 1921.

Dans les campagnes algériennes, la révolte d'El-Mokrani en 1871, en Kabylie, est la dernière grande tentative de résistance armée pour une période d'environ quatre-vingts ans. Elle est aussi, jusqu'en 1954, la dernière grande tentative de la population rurale pour prendre l'initiative politique. Une longue période d'inactivité politique s'installe qui prend fin avec la Seconde Guerre mondiale. Ainsi, évoquant l'Algérie au début du XXe siècle, Abd el-Kader Djeghloul écrit : « Le temps glorieux des communautés rurales sur le pied de guerre est révolu, et n'est pas encore venu celui, héroïque, de la formation du mouvement national. C'est le temps des individualités, buttes témoins d'une société qui n'a pas encore accouché des forces sociales capables de prendre en main la réalisation d'un nouveau projet historique [...] » [58]. Si le réveil politique aura lieu dans les villes (y compris dans les villes de la métropole avec l'émergence d'une génération de militants émigrés nationalistes), cela ne signifie point que les relations entre conquérants français et paysans algériens n'étaient pas empreintes d'une violence continue et endémique.

Cette hostilité existe pendant toutes ces longues années qui séparent la révolte de Mokrani en 1871 de l'insurrection de 1954. Mais elle se perpétue sous une forme voilée, latente. Durant tout ce temps se développent des formes de violence rurale qui permettent aux sections tribales hostiles de régler leurs conflits « segmentaires » par la confrontation commune avec un ennemi extérieur : la progressive escalade de cette violence provoque « l'effet de masse » si caractéristique des sociétés segmentées, par lequel les segments autonomes forment des coalitions dont l'importance est proportionnelle à la menace extérieure [56]. Le monde rural représente plus de 70 % de la population du pays au début du XXe siècle. Il reste soumis à l'ordre contraignant instauré par l'autorité administrative française.

Il survit une aristocratie indigène qui fait cause commune avec les Français, et dont certains membres deviennent les administrateurs de la population rurale au nom de l'État français. Ainsi, après les dernières grandes insurrections de 1871, des impôts punitifs spéciaux huit fois plus lourds que les impôts annuels furent collectés dans les régions rebelles par les chefs restés fidèles aux Français. Les chefs, disaient les paysans, « nous ont enlevé la peau et les os et maintenant ils nous brisent les os pour en manger la moelle ». Le terrible souvenir de ces années « où la justice et la vérité avaient disparu », où « le frère était dressé contre son frère » et où les responsables « devenaient riches en trahissant » est resté vivace par exemple dans les chants kabyles recueillis un demi-siècle plus tard.

Pour nombre de chefs traditionnels issus de l'aristocratie, la domination française est tout à la fois une garantie contre les revendications de leurs sujets musulmans et contre un empiétement illimité des colons sur leurs terres et sur leur autorité. Privés de la structure tribale à laquelle ils devaient leur pouvoir avant la conquête, ils exercent néanmoins au nom des conquérants des fonctions politiques suffisamment étendues pour s'interposer entre les paysans algériens musulmans et la France. Ces grands propriétaires musulmans, dit l'ethnologue Jean Servier, masquent « ... à la France le peuple d'Algérie » [46]. Une telle politique aboutit à « rompre le contact entre les conquérants et la masse indigène », interdit la constitution d'une élite rurale, tandis que la masse paysanne devient, sans recours effectif, la proie de la clientèle avide qui entoure les chefs locaux. La présence persistante de cette « aristocratie de grande tente » est donc un obstacle de plus à toute réelle tentative d'adaptation de la population indigène aux modèles administratifs, conservateurs ou réformistes, prônés par les Français. Pour avoir une idée de l'importance de cette classe dirigeante, il faut savoir qu'au moment où éclate l'insurrection de 1954 six cents propriétaires musulmans possèdent chacun plus de cinq cents hectares [3].

L'islam, patrie de référence identitaire

Après la conquête française, l'islam, installé solidement en Algérie depuis le VIIe siècle, reste la seule « patrie » de référence idéologique pour la masse des Algériens musulmans. Toute une série de confréries religieuses, qui encadraient la société avant l'arrivée française, ont longtemps fait contrepoids au pouvoir colonial. Leur centre est la *zaouïa*, comprenant des locaux d'habitation, une salle de prière, une école, généralement établis près du tombeau d'un saint. Le cheikh, représentant du marabout (fondateur présumé de la confrérie et homme saint), est chargé d'assurer le lien avec l'administration coloniale.

Opposé à toute forme segmentaire et locale de cet islam cristallisé autour de sanctuaires et de saints locaux, se développera, dans le cours des années 1920, le mouvement de réforme qui reconnaît l'autorité des théologiens réformistes : les *oulémas*. Ce mouvement, parti des anciennes villes de l'intérieur (Constantine, Tlemcen, Nédroma...) parsème l'intérieur des campagnes d'associations de toutes sortes, avec en particulier les scouts musulmans qui répandent le fameux slogan d'Abdelhamid Ben Badis : « L'arabe est ma langue, l'Algérie est mon pays, l'islam est ma religion. » La participation de la paysannerie au nouveau monde urbain s'opère par l'intermédiaire des associations religieuses, nouvelles formes d'organisation au sein de la religion traditionnelle.

Respect des parents, solidarité familiale, autorité du chef de famille, tels étaient les fondements correspondant à une structure patriarcale, appuyés sur le maintien des valeurs islamiques. L'unité morale et sentimentale, l'attachement au passé et à tout ce qu'il représentait, la résistance aux influences de dissolution étaient autant de caractéristiques propres à de nombreuses familles algériennes de l'époque. Les valeurs, les modèles de rapports humains, les manières de vivre qui étaient ceux de la période antérieure étaient réaffirmés dans la mesure, justement, où ils étaient contestés dans la vie réelle. La vie de ces familles exprime toutes les faces de la situation coloniale : la destruction de la culture coutumière avec l'arrivée de la culture européenne ; le refus de celle-ci avec le souci de défendre les anciennes valeurs. Cela a provoqué de l'anxiété devant le changement et de la disponibilité pour des attitudes nouvelles. Cette situation a suscité une soif d'expérience et de savoir : communication des informations, des hypothèses, mise à l'épreuve des « solutions » dans des discussions constantes, perception du moindre détail de la vie comme significatif. Dans les soirées familiales parvient l'écho des événements qui secouent l'Orient : la renaissance turque, l'éveil du nationalisme égyptien. En effet, malgré la domination coloniale, l'Algérie demeure liée au reste du monde arabo-islamique ; grâce au flux incessant de journaux, de livres et de revues qui lui parviennent, grâce aussi au pèlerinage à La Mecque, autre moyen de garder le contact avec le monde arabe [1].

En 1908, un projet d'extension de la conscription obligatoire aux musulmans algériens est publié, qui provoque une très vive émotion. Redoutant pour eux-mêmes et pour leurs enfants les conséquences de la mesure en préparation, 200 notables décident d'émigrer en terre musulmane, vers la Turquie bien sûr, mais aussi en Tripolitaine et surtout en Syrie. Ce départ de familles entières, qui soustrait environ 1 000 recrues algériennes à l'armée française, fait alors beaucoup de bruit et reste connu sous le nom d'« exode de Tlemcen ».

Cette même année, en 1911, l'Italie attaque directement l'Empire ottoman en envahissant la Tripolitaine. La population algérienne multiplie les prières pour la victoire turque. Cette guerre italo-turque se traduit par des collectes versées au Croissant Rouge en faveur des blessés tripolitains, et donne lieu à un élan de solidarité populaire qui s'exprime sous la forme de prédications et de prophéties annonçant la renaissance de l'islam (la *nahda*), la délivrance prochaine de l'Algérie. Ce patriotisme algérien naissant, qui s'exprime par la poésie populaire/militante où émerge la volonté de chasser un jour le maître étranger, trouve aussi sa place dans le traditionnel mahdisme, l'attente de l'envoyé de Dieu, du *mahdi* (« Le bien-dirigé »), du *moula es-sa'a* (« Le maître de l'heure ») [39].

Longtemps donc après le départ des Turcs, la population algérienne garde à l'égard de l'Empire ottoman une nostalgie qui se comprend par le sentiment d'attachement au califat. Elle met son patriotisme et ses espérances dans le calife Mehmet V, sultan ottoman, « commandeur de tous les croyants ». Les portraits du sultan-calife sont accrochés dans les maisons des moindres bourgades. Ce mouvement d'une turcophilie montante se double de celui de la *nahda* islamique qui, à cette époque, se traduit dans de nombreux domaines, littéraire, artistique, et surtout religieux.

Le cadre religieux est le soutien de cette « renaissance », et partout offre aux populations algériennes les moyens de combattre la présence coloniale étrangère. Selon Mahfoud Kaddache, « l'islam devient patrie et, tout en glorifiant le passé, l'histoire rend à ces fidèles confiance en l'avenir » [29].

IV / Première Guerre mondiale et bouleversements sociaux

Chocs de la Première Guerre mondiale

Pour les pieds-noirs liés simplement en Algérie par une solidarité nationale en terre lointaine, la guerre en métropole est un véritable tournant, un événement déterminant. Ils rencontrent sur le sol de France d'autres pieds-noirs qu'ils ne connaissent pas en Algérie. Oranais, Constantinois, Tlemcéniens ou Mostaganémois se trouvent une destinée commune, quittent la particularité locale. Par le sang versé, originaires de France, Juifs indigènes, Espagnols, Italiens, Maltais font valoir leur appartenance à la nation française. 22 000 pieds-noirs tombent sur les champs de bataille de la Grande Guerre.

Le recrutement indigène fournit, pour sa part, 173 000 militaires dont 87 500 engagés ; 25 000 soldats musulmans périssent dans cette guerre. Dans le même temps, 119 000 Algériens musulmans sont réquisitionnés pour remplacer en métropole la main-d'œuvre française. Ce partage des sacrifices a-t-il scellé l'union de deux communautés, hier ennemies ? Peut-il donner un nouveau visage à l'Algérie ? En fait, pour les Algériens musulmans, comme le note le futur leader nationaliste Messali Hadj, dans ses *Mémoires*, « tandis que tous les Dupont et tous les Dubois de France avaient les yeux fixés sur la guerre qui se déroulait sur la Marne, la Champagne et le chemin des Dames, les "Alliés" se livraient dans le silence des coulisses à d'âpres discussions sur les restes de l'Empire ottoman. Non, vraiment, la guerre de 1914-1918 ne fut pas celle du "droit et de la civilisation" » [38].

Chaque conflit, dans le passé, avait apporté sa part de conséquences morales, politiques, économiques, sociales, mais les retombées de cette guerre atteignent avec une acuité inédite tous les aspects de la vie du pays, au point de déformer le regard qu'il porte sur lui-même. La guerre a sur l'imaginaire des Algériens un effet de perte d'un certain sentiment d'« innocence » et de mise à bas de la mythologie des bienfaits de la civilisation occidentale.

Dans une étude sur la production de chansons populaires et de poèmes des campagnes ayant trait à cette période, Gilbert Meynier note que « les amis (Turcs et Allemands) mentionnés dans la production sont rares. Les seules mentions d'amis étrangers à être fréquentes sont celles des Tripolitains, qui battent en brèche le pouvoir colonial italien, et plus particulièrement les Sanoussi. Ce sont les Maghrébins et eux seuls qui libéreront leur pays du joug français » [39]. Il est un fait que les poèmes des campagnes exaltent les bandits d'honneur populaires, les frères Benzelmat dans l'Aurès, Mouloud Belkhaleden en Petite Kabylie. Ils sont perçus comme autant de prestigieux animateurs de la résistance aux Français. D'autres poèmes plus élaborés et de facture plus savante sont d'inspiration millénariste, prophétisant l'embrasement du Maghreb, du Maroc à la Tunisie. Mais au fur et à mesure du développement de la Grande Guerre, la référence turque signifie pour les ruraux celle du sultan commandeur des croyants. Et également se précise la figure de Hadj Guillaume (le Kaiser), perçu comme une sorte de *mahdi* relevant les musulmans de la déchéance. Dans les chansons citadines perce l'espérance de la victoire des Turcs. La déclaration du *djihad* lancée par Istanbul est accueillie avec ferveur là où la foi est vive. Il n'y a pas laïcisation de la résistance morale ou matérielle, mais affirmation du facteur religieux dans la compréhension de la guerre.

En 1918, une conjonction de facteurs nouveaux a modifié considérablement l'état d'esprit de cette population. De nombreux Algériens ont été mobilisés ou réquisitionnés pour remplacer la main-d'œuvre française envoyée au front. Cela entraîne pour eux la découverte de l'usine et de la lutte revendicative de la classe ouvrière française. Les bruits d'événements extérieurs arrivent en Algérie : la propagande turque et allemande, la proclamation du 22 janvier 1917 de Woodrow Wilson sur le droit des peuples à disposer d'eux-mêmes, la révolution d'Octobre en Russie. Grâce à l'action de ces éléments, la politique allait être aussi le fait des paysans pauvres, des petites gens des villes, des militaires algériens en France [47].

À l'issue de la guerre, la désagrégation finale de l'Empire ottoman entraîne dans de nombreux pays arabes la faillite d'un imaginaire et d'une certaine vision de la « nation arabe ». Cela provoque la naissance et le développement d'une conscience d'indépendance nationale ; puis celle d'une solidarité entre Arabes contre l'ennemi commun : les puissances étrangères qui les dominent. Au début des années vingt, au fur et à mesure des batailles qui opposent les soldats partisans de Mustafa Kemal aux puissances européennes, l'intérêt des Algériens musulmans pour les événements de Turquie s'intensifie. La défaite ottomane n'a pas provoqué l'épuisement de la référence turque. L'image du « Turc imbattable » efface la colère étouffée de 1918 dans le champ des consciences nationalistes naissantes.

Le bouleversement du paysage agricole

Après la Première Guerre mondiale, l'organisation de l'Algérie française s'accentue. Les colons obtiennent un large emprunt destiné à financer un programme de grands travaux, dans lequel l'irrigation des terres de la colonisation et la modernisation des chemins de fer se taillent la part du lion. Cette politique coloniale va avoir comme conséquences la concentration des terres entre les mains d'une couche étroite de colons, le développement du machinisme dans l'agriculture entraînant l'endettement des petits colons envers les banques, la ruine de l'artisanat, et le chômage massif pour les Algériens, contraints de s'exiler en France [22].

La production de l'agriculture européenne est soutenue par une politique de crédits, un vaste programme d'irrigation, la construction de barrages, de routes et de chemins de fer. Plusieurs grands barrages sont édifiés. Les chemins de fer algériens, en 1940, avec leurs 4 917 kilomètres de lignes, constituent un réseau dont la grande artère frontière-Maroc à frontière-Tunisie représente à elle seule près du tiers (1 300 kilomètres).

La période qui suit la Première Guerre mondiale voit le triomphe de la grande colonisation, résultat d'une profonde évolution de la propriété coloniale. En 1930, il n'existe plus que 26 000 propriétaires européens ; 20 % d'entre eux possèdent alors 74 % du domaine agricole appartenant aux Français (la population agricole européenne, en diminution constante, tombe à 125 300 en 1948 et à 93 000 en 1954).

Si l'on prend l'exemple de la Mitidja (la plaine fertile de l'Algérois) en 1930, la petite propriété a quasi disparu : les propriétaires de moins de 10 hectares qui représentent encore le tiers des propriétaires ne contrôlent que 2 % des terres. Que de changements depuis l'arrivée des premiers colons installés par les soins de l'administration dans des lots entourant les villages ! S'il veut garder sa terre, survivre, l'exploitant doit désormais se lancer dans des investissements énormes, utiliser les engrais, expérimenter de nouvelles machines agricoles, pratiquer des cultures inédites. Peu nombreux ont été les petits colons qui ont suivi cette évolution, ce passage du cultivateur au « manager » [33].

Les techniques culturales en céréaliculture, viticulture, arboriculture font des progrès considérables. La mécanisation se développe, en particulier avec les moissonneuses-batteuses. Les surfaces consacrées à la vigne s'accroissent considérablement entre 1929 et 1935 : de 226 000 à 400 000 hectares. La production moyenne double environ. La vigne, dans l'entre-deux-guerres, devient le premier revenu de l'Algérie, la base de l'économie coloniale, aux dépens des cultures vivrières et de l'élevage : « [...] Le résultat, c'est que la vigne a chassé et pollué tout le reste : elle a chassé le blé, elle a chassé le mouton, elle a chassé la forêt et le palmier nain. Elle a pollué la rivière, où l'on jette les ronces, les lies, des déchets. » [32]

Exigeant des mises de fonds considérables en caves à pression et autres appareils, la production et le transport du vin favorisent la domination du gros colon sur le petit qui dépend du premier pour le crédit et le matériel de vinification. Ils mettent également aux mains d'une oligarchie puissante de marchands de vin, de transporteurs et de banquiers cette forte tendance à la concentration de l'agriculture algérienne [21].

La crise mondiale de 1930 secoue fortement l'Algérie, généralise les rapports capitalistes dans l'agriculture et dans toute la société. Protégée par les pouvoirs publics, la grosse colonisation se renforce et s'agrandit jusqu'en 1940, au détriment des musulmans.

Tableau 1. **Propriété privée européenne**
(terres agricoles et forêts)

1880	1 635 000 ha	1990	3 028 000 ha
1850	115 000 ha	1900	1 912 000 ha
1870	765 000 ha	1920	2 981 000 ha
1880	1 245 000 ha	1940	3 045 000 ha
1890	1 635 000 ha	1954	3 028 000 ha

Parallèlement, la colonisation entraîne le déplacement de millions de paysans vers les hauts plateaux où les terres moins bonnes sont soumises à une forte érosion [8]. Ce refoulement sur des terres plus arides entraîne une diminution des productions vivrières ; la production de céréales diminue de 20 % entre 1880 et 1950 alors que la population double. Cette baisse de production est due non pas à une réduction des surfaces cultivées mais à la diminution de leur rendement. Durant la même époque, le cheptel diminue de moitié par suite de la réduction des terres de parcours.

Tableau II. **Production de céréales et de bétail**
(1875-1953)

Années	Céréales disponibles par habitant (en quintaux)	Nombre de têtes de bétail pour 1 000 habitants		
		Bovins	Ovins	Caprins
1875	5			
1911	3-4	200	1 533	694
1953	moins de 2	91	631	338

Le secteur traditionnel se trouve doublement soumis à la domination du capitalisme colonial : par son intégration forcée dans la circulation commerciale et monétaire ; par la généralisation de la propriété privée et le morcellement des exploitations. Ces deux effets achèvent la désorganisation de la vieille société tribale amorcée sous la présence turque. Ce secteur traditionnel, brutalement soumis aux effets du développement capitaliste inégal, connaît une aggravation sans précédent de la situation économique et sociale.

Tableau III. **Statuts agricoles**

	1930	1938	1948	1954
Propriétaires	617 544	549 395	537 800	494 500
Métayers	630 600	713 000	132 900	60 400
*Khammés**	50 771	55 600		
Ouvriers permanents	428 032	462 467	448 100	108 800
Ouvriers journaliers	428 032	462 467	448 100	357 500
Ouvriers saisonniers			35 800	77 100
Aide et main-d'œuvre familiale				1 438 300

* Métayers au cinquième.

La petite paysannerie ne cesse de se paupériser. Disposant de peu de capitaux, le fellah conserve la faucille, l'araire qui égratigne le sol, et l'âne pour le transport et la culture. Son bétail (chèvre-mouton) est généralement peu nombreux. Il conserve la culture aléatoire des céréales (orge et blé dur). Les rendements sont en baisse constante. La production totale ne croît que légèrement (alors que la population s'est fortement accrue).

Tableau IV. **Production agricole**

	1938	1955	1958
Blé dur	6 277	9 261	8 386
Orge	5 871	6 928	7 301

Pour M. Lacheraf, « la colonisation une fois amorcée, ce qui émergeait du désastre, c'était d'une part un peuple de survivants à moitié exterminés, une paysannerie appauvrie, frappée par de lourdes contributions de guerre comme châtiment de la résistance, et d'autre part, une féodalité autochtone demeurée intacte dans ses biens, et partageant même, dans une certaine mesure, avec les nouveaux possédants européens, les terres prises aux paysans » [59].

Les représentants de la « vieille formation nobiliaire », « féodalité » terrienne, pratiquent en partie une agriculture du même type que celle des colons [60]. Les paysans cultivant de petites parcelles se trouvent liés aux propriétaires par le système du khamessat (métayage au cinquième). L'hétérogénéité sociale du monde paysan autochtone et les rapports d'exploitation internes qui y prévalent se manifestent par l'émergence d'une « bourgeoisie de village ». Sa relative faiblesse s'explique par les migrations vers la ville. Par son intermédiaire, tandis qu'une masse de paysans se perpétue semblable à elle-même, identique aux « ancêtres » et maintient les valeurs du passé, s'opère la pénétration des mœurs urbaines. La route relie le vieux terroir à tous les ferments d'une évolution contenue dans le bourg tout proche : le rayonnement commercial, les mœurs, la façon de concevoir le présent et le futur.

Peut-on parler dans ces conditions d'une expérience commune de la production agricole dans la paysannerie algérienne ? On en revient encore à la distinction de deux régimes. Dans le secteur moderne des plaines littorales (plaines d'Oranie, Mitidja, Constantinois), il existe un véritable prolétariat rural, constitué par les ouvriers permanents et les saisonniers, pour qui la principale ressource est le salaire, en argent ou en nature. Le problème devient plus complexe quand on aborde le secteur traditionnel, dans lequel il existe une masse de paysans sans terre ou possédant un lopin de terre très modeste. Il faut distinguer paysans riches, paysans moyens et prolétariat agricole, et englober dans cette dernière couche tous ceux qui vendent, sous une forme ou sous une autre, leur force de travail pour subvenir à leurs besoins. Mais lorsque survient une crise importante, la seule manière de survivre est d'émigrer vers le « douar ». Ce phénomène s'est généralisé à partir de 1950, et a modifié la géographie humaine de l'Algérie.

Agglutinés près des villages, ces travailleurs trouvent leur subsistance dans l'élevage (notamment de chèvres et de volaille) et la vente intermittente de leur force de travail (ramassage des légumes secs, emplois domestiques). Du village, une partie passe à la ville régionale, ou s'en va vers les grandes villes du littoral, grossir les bidonvilles. Une littérature abondante a décrit la condition de ces misérables vivant d'expédients ; la désintégration des traditions villageoises et de la morale traditionnelle, la prostitution des femmes, etc. Mais cette masse n'est pas stabilisée. Souvent, d'ailleurs, certains de ses membres se détachent du bidonville lorsqu'ils ont trouvé un emploi à la ville, ou émigrent.

Les mouvements migratoires

Entre le début du siècle et 1954, la population a doublé en Algérie. Il s'est constitué un « trop-plein rural » qui n'a pu être absorbé par les centres industriels trop peu importants. Par ailleurs, la mécanisation de l'agriculture a entraîné une réduction constante de l'emploi. Qu'est devenue cette masse sans cesse grandissante ? Une partie est restée sur place, une autre s'est entassée autour des villes, et une troisième a pris le chemin de l'émigration en France.

Sur un double plan, défense de l'égalité de leurs droits avec les travailleurs français et diffusion des idées nationalistes pour l'indépendance de l'Algérie, l'histoire de l'émigration constitue un démenti des thèses qui voyaient en elle « une soupape de sûreté, un moyen d'assurer l'ordre colonial ». L'émigration algérienne vers la France s'est instituée en phénomène durable dès l'année 1915 par la participation de contingents d'Algériens à la Première Guerre mondiale. Marseille, Paris, le Nord apparaissent comme les tout premiers centres d'enracinement des Algériens en France lorsque la Première Guerre mondiale éclate. Les besoins de la défense nationale, la nécessité de remplacer dans les usines la main-d'œuvre française mobilisée donnent à l'émigration une impulsion nouvelle. Le décret du 14 septembre 1916 crée au ministère de la Guerre un « service des travailleurs coloniaux chargé d'organiser le recrutement de la main-d'œuvre indigène en Indochine, Chine et Afrique du Nord ».

L'État devient à la fois recruteur, importateur, placeur et contrôleur de la main-d'œuvre coloniale. 132 321 Nord-Africains dont 78 566 Algériens, 35 506 Marocains, 18 249 Tunisiens entrent ainsi en France de 1915 à 1918. Le plus grand nombre est employé dans les établissements publics ou privés travaillant pour la défense, fabriquant du matériel et des munitions, dans les ateliers de l'Intendance, dans les transports, les mines, les usines à gaz, les services de voirie des villes, et surtout dans les travaux de terrassement à l'arrière et au front, notamment, dans le creusement des tranchées. C'est dire si cette émigration a été provoquée par les autorités françaises.

Après la guerre, les besoins de l'industrie française, les travaux de reconstruction de régions dévastées exigent la présence d'une importante main-d'œuvre immigrée. C'est donc entre 1920 et 1924 que se situe le premier grand flux ; les départs sont d'ailleurs compensés par un nombre important de retours.

Tableau V. **Mouvements migratoires**
(1919-1924)

Année	**Départs**	**Retours**
1919	5 568	17 497
1920	21 684	17 380
1921	17 259	17 538
1922	44 466	26 289
1923	58 586	36 990
1924	71 028	57 467

Dans le même temps, de 1919 à 1925, l'économie algérienne continue de subir les conséquences de la guerre, aggravées par une série de mauvaises récoltes comme celle de l'année 1921. Le Code de l'indigénat qui interdit par ailleurs tout espace de liberté en Algérie même pèse sur les Algériens jeunes. D'autant plus que nombre d'entre eux, « soldats coloniaux », s'étaient rendus en France dans les années 1914-1918. De retour au pays, ils constatent que la condition coloniale n'a pas changé. D'où une insatisfaction qui résulte très logiquement du décalage entre les possibilités entrevues et espérées en France et la misère présente de leur sort quotidien [38].

Guerre, crises économiques, révolutions (en Turquie et en Russie) ont marqué tous les hommes qui émigrent. L'attrait de l'Orient, le bouleversement kémaliste en Turquie en 1920-1924, l'expérience ou l'envie de l'exil vers des terres musulmanes constituent également des éléments de la préparation pour l'émigration. Cet afflux croissant vers la France ne laisse pas d'inquiéter grandement entrepreneurs et colons d'Algérie, préoccupés de voir leur main-d'œuvre s'en aller. Leurs plaintes amènent le gouvernement général d'Algérie à prendre des mesures restrictives. L'étude de cette première introduction de travailleurs algériens en France fait ressortir qu'elle s'est effectuée par déplacement de populations colonisées, recrutées le plus souvent parmi les membres de collectivités tribales démantelées, brutal prélèvement de main-d'œuvre qui arrive à relativiser sérieusement certaines justifications de la présence française en Algérie, soulignant l'apport d'éducation et de civilisation... Car le processus migratoire est directement lié aux différentes vagues de dépossession foncière en Algérie : l'histoire de l'émigration se confond avec l'histoire de la société rurale, de sa déstructuration [22].

Laissant femmes et enfants au pays, ce sont des hommes seuls, paysans déclassés, qui arrivent en France, ne vivant là que pour retourner un jour dans la ville, le douar, la campagne d'origine. (Les problèmes posés par la migration familiale et son insertion dans le tissu social se poseront après la Seconde Guerre mondiale.) Il s'agit d'une immigration *provoquée* par la France, et pas simplement suscitée par la « pression démographique nord-africaine » qui a longtemps servi d'explication. Au contraire, c'est l'évolution démographique de la France qui peut expliquer les différentes phases de cette migration.

Le paysan prolétarisé fait l'apprentissage du travail salarié dans les usines en France. Citadin, il découvre de nouvelles formes de lutte et d'organisation, notamment au sein de la CGTU, puis dans l'Étoile nord-africaine [48]. La grande majorité des travailleurs en provenance du Maghreb est constituée par les Algériens, surtout du fait de la différence des régimes politiques imposés aux trois pays : « francisation » de l'Algérie, mais protectorat en Tunisie et au Maroc, qui n'ont pas connu la même déstructuration du milieu agricole, la même occupation du sol par les colons, conduisant à l'exode massif de la force de travail. L'immigration algérienne en France est la plus ancienne et la plus organisée de tous les pays du Maghreb.

V / Voyage dans l'histoire des villes et des régions

Le mouvement vers les villes algériennes

La conquête française, la colonisation de peuplement et l'expansion de l'agriculture commerciale, liée aux marchés européens, ont entraîné des changements radicaux dans les rapports entre la ville et la campagne. Dans ce cadre, alors que la résistance à l'occupation française se situait exclusivement en milieu paysan jusqu'à la Première Guerre mondiale (résistance d'Abd el-Kader, soulèvement de Mokrani en 1871, insurrection des Aurès en 1916), la mutation s'accomplit en 1920 avec l'introduction de formes de production capitalistes dans l'agriculture algérienne. Se poursuivant au rythme de l'expropriation des terres, la migration vers les villes se développe de manière impressionnante. En 1876, on comptait 82 976 Algériens dans les villes de plus de 10 000 habitants ; ils y figuraient en 1936 pour 959 444. De 28 % en 1876, ils étaient passés, d'après le recensement, à la proportion de 44,6 % en 1936. La migration de la campagne vers la ville n'était pas nouvelle en elle-même, mais l'échelle que connaissait maintenant ce mouvement l'était tout à fait. Elle a forgé de nouveaux rapports économiques et sociaux entre les zones urbaines et rurales, tout en soulignant la sujétion de plus en plus complète de la campagne à la ville.

La ville acquiert de nouvelles fonctions en matière de services, notamment de commerce. Elle peut devenir un centre régional pour le transport et le stockage, le système bancaire, le commerce de gros et de détail. Plus simplement marché de produits agricoles, elle permet surtout de rassembler les produits agricoles pour l'exportation vers le marché national ou la métropole française. La pénétration du système colonial, qui provoque la destruction des moyens de subsistance traditionnels, la différenciation sociale au sein du monde paysan « indigène » entraînent une remise en cause des relations familiales et celle de toutes les anciennes habitudes. À travers la ruine des solidarités, des modèles traditionnels et des habitudes mentales, R. Gallissot note que « c'est finalement un fait de classe, ou plutôt de *déclassement* [souligné par nous] qui est étudié : la chute d'une paysannerie dans le sous-prolétariat, sous-prolétariat rural encore inavoué, sous-prolétariat qui campe dans les campagnes mêmes, tout autour des portes des villes » [20].

Le processus urbain se trouve directement lié à des exigences productives, mais est également une expérience vécue de grande importance : la ville est certes un lieu de production, mais aussi le creuset de nouvelles valeurs, par la fascination qu'elle exerce. Par la ville, les militants nationalistes, pour la plupart ruraux transplantés, accèdent à une compréhension du politique : découverte d'une nouvelle organisation sociale de production ; création et distribution différentes de richesses ; exploration des modes de gestion du pouvoir colonial dans la cité. Tous ces éléments concourent à déplacer le centre de gravité des luttes politiques de la campagne vers la ville, place forte de l'administration coloniale, « qui est devenue, par son caractère centralisateur, le passage obligé de toute promotion sociale », relève Slimane Chikh [13]. L'ignorance dans laquelle sont tenus les paysans, leur dispersion, leur isolement et surtout la diversité de leurs statuts sociaux ne permettent pas la mise en œuvre d'une vision cohérente, d'un programme et d'une organisation commune. Le centre urbain devient ainsi le lieu d'élaboration de la stratégie d'indépendance nationale.

Une sorte de « voyage » à travers les villes s'impose pour comprendre l'ampleur des mutations enregistrées dans l'Algérie coloniale, déplacement nécessaire pour saisir toutes les survivances et tous les « archaïsmes » qui donnent son visage à une Algérie plus éloignée, plus secrète, moins visible.

Alger et l'Algérois

Alger émerge, étagée sur le flanc de coteaux couronnés de verdure : la Bouzarea et l'église Notre-Dame-d'Afrique, Fort-l'Empereur, le bois de Boulogne et Kouba jalonnent la ligne des hauteurs qui s'abaissent graduellement vers le sud-est. Alger, centre d'attraction de tout le pays, compte en 1954 une population de plus de 300 000 habitants — elle n'avait que 40 000 âmes en 1830. L'histoire permet de lire la ville, ou plutôt les villes, l'Alger arabe, l'Alger turque et l'Alger française.

L'existence d'Alger remonte au moins au VIe siècle avant J.-C., selon les enseignements d'un trésor découvert en 1940 dans le quartier de la Marine. Elle s'appelle alors Icosium, et disparaît dans la tourmente des invasions. Sur ses ruines, viennent s'établir les tribus des Beni Mezrana, dont l'un des chefs, Bologhine Ibn Ziri, fonde au Xe siècle une ville nouvelle appelée el-Djezaïr. Puis Alger se tait entre les Xe et XVe siècles, ne livrant aux historiens comme seul indice que la Grande Mosquée, Djemaa el-Kébir, construite au XIe siècle, qui se situe sur le côté oriental de la future place du Gouvernement.

Au début du XVIe siècle, les Espagnols réussissent à prendre la citadelle. En 1509, Pedro Navarro fait élever le Penon, forteresse qui tient la ville à la distance de 300 mètres sous la menace de ses canons. Pour se délivrer de cette domination, les Algérois appellent à la rescousse les frères Barberousse, corsaires de la Méditerranée orientale. L'aîné, Aroudj, s'installe solidement dans la ville. Son frère, Kheir el-Eddine, fait hommage de ses conquêtes au sultan de Constantinople qui le reconnaît chef de la régence d'Alger. Le témoignage vivant le plus important de la vieille Alger turque, c'est la Casbah, située à 118 mètres au-dessus du niveau de la mer, surpeuplée, avec ses lacis de ruelles, d'escaliers et d'impasses où les voitures n'ont pas accès, et qui est parcourue par un mouvement incessant de mulets chargés de couffins... Les Turcs en commencèrent la construction lorsqu'ils se furent rendus maîtres d'Alger en 1516 ; ils la terminèrent en 1590. Elle devint la résidence du souverain sous Ali Khodja, avant-dernier dey d'Alger.

Pour « lire » les villes en Algérie précoloniale, ou coloniale, il faut d'abord comprendre la ville arabe traditionnelle. Souvent, la grande mosquée en constitue le pôle essentiel avec, autour du lieu de prière, un espace environnant, lieu de rassemblement et d'échanges en tout genre comme une place, un souk non formalisé. Au-delà de cette aire qui remplit une double fonction religieuse et commerciale, se dessinent des rues-corporations avec prépondérance du commerce et de l'artisanat. À l'intersection de ces rues, se trouvent des placettes, jouant un rôle de centre-relais par rapport à la place centrale. Cet espace, qui délimite le lieu de la petite production marchande, recoupe une aire de résidence.

La période coloniale va agir par dissolution de la ville traditionnelle, ou conservation, ou superposition de la ville moderne. Ce « travail » produit cet effet dualiste, surprenant, de certaines villes en Algérie. La colonisation va également façonner d'autres paysages urbains, en particulier par l'émergence de villages ou de gros bourgs. L'Alger française s'est faite au jour le jour, au hasard des besoins et des spéculations. De sorte qu'en 1950 la ville s'étend tout en longueur : constructions presque ininterrompues sur plus de seize kilomètres du nord au sud, de la pointe Pescade à Hussein Dey, et même à Maison-Carrée. Le centre de gravité de la ville, qui fut d'abord la place du Gouvernement — alors dite « place du Cheval » en raison de la statue équestre du duc d'Orléans qui tournait le dos à la mer — se déplaça peu à peu. Il se fixa ensuite boulevard Laferrière.

Ce qu'est Alger dans la vie économique de l'Algérie coloniale, on le mesure avec précision en évoquant son port, où transitent les marchandises en provenance ou à destination de l'intérieur du pays. Alger est alors centre de commandement de l'Algérie commerciale et siège des sociétés industrielles et financières les plus importantes... C'est, en 1954, la première place pour le commerce des vins, des céréales, du tabac, des primeurs, des cuirs et des peaux, des tissus, des bois... Son industrie occupe plus de 20 000 ouvriers.

Capitale, Alger l'est par sa population qui augmente sans cesse suivant une progression dont quelques chiffres donnent une idée. En comptant Mustapha, faubourg jusqu'en 1871, commune distincte de 1871 à 1924, rattachée depuis à la ville-mère, on y dénombre : en 1876, 61 552 habitants ; en 1886, 77 506 ; en 1891, 105 227 ; en 1911, 162 526 ; en 1921, 195 655 ; en 1926, 264 232 ; en 1950, 315 210. Encore ces données sont-elles insuffisantes, car elles ne tiennent pas compte des communes adjacentes, faisant vraiment corps avec la cité principale : Birmandreis, Bouzarea, El-Biar, Hussein Dey, Kouba, Maison-Carrée, Saint-Eugène. Après la Seconde Guerre mondiale, cette banlieue regroupe plus de 100 000 habitants.

En 1950, les Français d'Algérie représentent près de 60 % de la population de la ville. Mais Alger se caractérise aussi par une distribution des groupes ethniques en quartiers distincts : Italiens de la Marine, Espagnols de Babel-Oued, Juifs des rues de la Lyre, Randon et Marengo, musulmans de la Casbah et du Hamma, tandis que la population de souche française est plutôt concentrée sur le parcours et au voisinage de l'artère principale, la rue d'Isly, prolongée par la rue Michelet.

En quittant Alger vers Cherchell, le petit massif du Sahel se présente dans un cadre de collines aux molles ondulations. Dans les villages, avec leurs maisons étroitement rassemblées autour de l'église, tout un monde de petits cultivateurs se consacre à la culture du blé, de la vigne et surtout des arbres fruitiers, des fleurs et des légumes.

Sur la route qui mène d'Alger à Oran, voici Miliana, ville de 15 327 habitants en 1950. Suspendue à 720 mètres au flanc de Zaccar Gharbi, qui la surplombe directement au nord, Miliana domine à l'est et au sud la vallée du Cheliff. La ville s'élève sur l'emplacement du Succhabar des Romains, et passe pour avoir été fondée au xe siècle en même temps qu'Alger et Médéa par Bologhine Ibu Ziri. Abd el-Kader, en 1834, y installe un califat. Les troupes françaises s'en emparent le 8 juin 1840, mais elle reste bloquée étroitement par les soldats d'Abd el-Kader jusqu'en 1841.

Blida reste une banlieue paisible pour les Algériens. Encadrée par des jardins d'oliviers, de mimosas, d'orangers et de roses, on la surnomme « Ourida », la petite rose. La ville a été fondée en 1553 par Ahmed el-Kebir avec le concours d'immigrants andalous, qui importèrent dans la région l'art de l'irrigation, la culture de l'oranger et l'industrie de la broderie sur cuir. En mars 1825, un tremblement de terre détruisit la ville. Reconstruite, Blida ne fut occupée définitivement par l'armée française qu'en 1839. Sa population sera de 61 600 habitants en 1950.

Les Kabylies

À partir de bastions montagneux et forestiers, les habitants de la Grande et de la Petite Kabylie ont défié successivement la domination de Carthage, de Rome, de Byzance, des cavaliers arabes et de la France. C'est là, on l'a vu, qu'éclate le dernier grand soulèvement contre la domination française, en 1871 (révolte de Mokrani). On les appelle les Berbères — « Barbares » de l'époque romaine —, eux s'appellent *Imazighen*, « hommes libres ». Ce nom, à lui seul, traduit une mentalité, une volonté de refus et d'indépendance maintenue depuis des siècles.

La géographie permet de comprendre cette attitude. Villages de crête dans le Djurdjura, aux maisons entassées, dont les difficultés d'accès, les possibilités de défense montrent qu'il s'agit de lieux-forteresses ; repli dans la montagne des populations des plaines, qui explique les densités pouvant atteindre 150, voire 200 habitants au kilomètre carré.

Deux villes en Grande Kabylie retiennent l'attention : Tizi-Ouzou et Fort-National (aujourd'hui Larbaa Naït Iraten). Cette dernière, qui compte 15 028 habitants en 1950, est chargée d'histoire. Fort-National est créée en 1857, sous le nom de Fort-Napoléon, sur le territoire de la puissante et guerrière tribu des Aït Iraten qui a été l'âme de la résistance contre les Français. Située dans une position centrale et dominante, lui permettant de tenir sous le canon nombre de crêtes, ses habitants tinrent tête aux troupes françaises, en 1871, pendant deux mois.

En Grande Kabylie, l'olivier et le figuier sont les deux arbres qui assurent traditionnellement l'existence des populations. Poussent également le frêne, « véritable prairie aérienne », et les vignes grimpantes qui montent à l'assaut des troncs. Au pied des arbres, s'étalent également des cultures, céréales, légumes... Le tabac et l'huile constituent aussi des ressources. En Petite Kabylie, c'est la forêt qui fournit le complément de ressources indispensable avec l'élevage du bétail, la farine de gland, le bois de chauffage. Des emplois réguliers existent avec l'exploitation du bois d'œuvre, de la bruyère et du liège. Mais l'envers de cette situation, c'est aussi la progression du dénuement, de la misère.

Cette misère, Albert Camus en rendra compte en 1939, dans une série d'articles parus dans *Alger républicain*. À cette époque, 40 % des familles kabyles vivent avec moins de 100 francs par mois. En 1945, cette fois dans *Combat*, il proteste à nouveau, car à la misère s'est ajouté le marché noir auquel se livrent « des colons inconscients et des féodaux indigènes ».

Oran la franco-espagnole et l'Oranie

Une nuit, par temps normal, suffit à la traversée d'un voilier, d'Almeria ou de Carthagène à Oran. C'est donc tout naturellement que des marins andalous, en 902, sont amenés à s'établir en face et tout près de leur contrée d'origine, pour y nouer des relations commerciales faciles et continues, les deux pays étant alors musulmans. Ils fondent Wahran, qui ne semble pas avoir joué un rôle considérable au Moyen Âge. Son port est assez riche sous la dynastie des Zianides de Tlemcen, et Oran entretient des relations prospères avec l'Espagne. Relations bouleversées par la *Reconquista* : le 17 mai 1509, l'armée espagnole commandée par Pedro Navarro s'empare d'Oran. Les Espagnols restent maîtres de la cité jusqu'en 1708, en sont chassés par le bey Mustapha Ben Youssef, y reviennent en 1732, pour en sortir définivement en 1792 après le terrible tremblement de terre de 1790. L'armée française occupe Mers el-Kébir le 14 décembre 1830, et pénètre dans Oran le 4 janvier 1831. En 1832, un recensement dirigé par le commissaire du roi Pujol donne pour Oran le chiffre de 3 800 habitants, dont 750 Européens d'origine espagnole, 250 musulmans et 2 800 Juifs. En 1881, le chiffre de 50 000 est dépassé, en 1906 celui de 100 000, en 1926, celui de 150 000. En 1936, on compte 195 000 habitants et 206 000 en y ajoutant la banlieue (Arcole, Mers el-Kébir, la Senia et Valmy).

En 1931, on estimait la population oranaise originaire d'Espagne à 65 % du total des Européens, 41 % étant déjà naturalisés. Cette influence espagnole est illustrée par le sens ibérique de l'hospitalité ; par les arènes où se déroulent des corridas ; par la cuisine avec le riz à l'espagnole et, au dessert, la *mana*, pâtisserie briochée surmontée d'œufs coloriés ; par une religiosité puissante et un art de vivre spécifique ; par les chaises qui occupent les trottoirs des rues dès la tombée de la nuit...

Oran, ville de 256 661 habitants en 1950, est la seule cité d'Algérie où le nombre des Européens excède celui des Algériens musulmans. Au recensement de 1948, dans le département d'Oran, accru de deux arrondissements du département d'Alger (Orléansville — aujourd'hui Chlef — et Miliana), la population européenne est égale à un cinquième de la population musulmane. Cette proportion est quatre fois supérieure à celle des régions orientales de l'Algérie. Et pourtant, c'est justement dans l'Oranie, et dans la moitié occidentale de l'Algérois, que la résistance à la pénétration française a été la plus forte. L'émir Abd el-Kader y avait établi des places fortes et ses arsenaux, à Sebdou, Mascara, Saïda, Boghari. Il fallut plusieurs années de combats cruels et acharnés pour le contraindre à la défaite, le 23 décembre 1847.

La colonisation va se développer avec une décroissance classique, de la côte vers l'intérieur. Tout d'abord, les noyaux de cultures maraîchères qui s'égrènent en bordure du littoral en relation avec de petits ports : Ténès, Mostaganem, Arzew. On trouve là des terres de haute densité, où règne la petite propriété exploitée par des familles venues en majorité des Baléares. Par camions ou par bateaux, ces primeurs sont exportés dans l'intérieur ou vers la France. La seconde zone, plus enfoncée dans l'intérieur, est celle de la vigne. Son développement, favorisé par la crise du phylloxéra en France, est si prodigieux en Oranie que l'Algérie devient, au temps de cette période coloniale, le quatrième vignoble mondial. Le vignoble prospère autour de Mascara, Sidi-bel-Abbès, Tlemcen et dans les environs de Mostaganem et d'Oran. Face à l'extension des grandes propriétés viticoles, les petits vignerons ont du mal à se maintenir. À une production de 15 millions d'hectolitres de vin à fort degré d'alcool, il faut ajouter près de 3 millions de quintaux d'agrumes. La dernière ceinture de colonisation se trouve dans les hautes plaines, aux abords de la lisière sud du Tell. Là, le blé l'emporte sur la vigne, avec les techniques du *dry farming* importées des États-Unis. Dans la vallée du Cheliff ou les contreforts de l'Ouarsenis, on obtient des rendements de 25 quintaux à l'hectare.

Tlemcen, située à 10 kilomètres d'Oran, a subi l'influence des civilisations berbère, romaine, arabe, turque qui ont laissé leurs traces dans des monuments admirables et le savoir-vivre des Tlemcéniens. La Tlemcen actuelle fut fondée à la fin du XIe siècle par l'Almoravide Youssef Ben Tachfine. Elle doit aux Almoravides sa grande mosquée actuelle. Tlemcen, qui reste pendant tout le Moyen Âge la capitale du Maghreb central, connaît sa plus grande splendeur avec les Abd el-Ouadites ou Zianides, dynastie fondée vers 1236. Ceux-ci accueillent, à partir de 1492, 50 000 Andalous de Cordoue chassés par la *Reconquista,* faisant bénéficier Tlemcen du savoir et de l'art d'une civilisation raffinée. La ville devient un centre important pour le commerce entre l'Europe et l'Afrique. À la veille de sa conquête par les Turcs, en 1555, Tlemcen aurait compté environ 100 000 habitants. La ville est prise par les troupes françaises le 31 janvier 1842. En 1931, la composition de la population est la suivante : Algériens musulmans, 70,5 % ; Juifs, 13,9 % ; Français d'origine métropolitaine, 13,4 % ; étrangers ou naturalisés, 2,2 %. En 1950, la ville compte 69 500 habitants.

Après Oran, la ville maritime la plus importante de l'Algérie occidentale est Mostaganem. Elle a été fondée par l'Almoravide Youssef Ben Tachfine (1061-1106), est passée sous le contrôle des Zianides de Tlemcen, puis des Mérinides de Fès, dont l'un, Abou el-Hassene, fit construire sa mosquée en 1340. La ville passa sous domination turque en 1516. Lorsque le général Desmichels s'en empara en juillet 1833, Mostaganem comptait seulement 3 000 habitants. Ne disposant pendant longtemps que d'un médiocre mouillage pour un port, cette ville fut longue à sortir de sa torpeur. En 1847, on n'y recensait encore que 3 000 habitants, y compris la garnison. Les progrès datent vraiment du XXe siècle : 19 600 habitants en 1906 ; 25 800 en 1931 ; 37 400 en 1936, dont 19 400 Algériens musulmans ; 53 464 habitants en 1950.

Dans l'Oranie, la conquête s'est accompagnée d'une refonte complète du système urbain. Des postes militaires se sont transformés en villes. Comme Orléansville, future El-Asnam (puis Chlef), fondée en 1843 par Bugeaud, et qui compte 32 506 habitants à la veille du tremblement de terre de 1954 ; comme Sidi-bel-Abbès construite par le général Bedeau en 1843 sur la rive droite de la Mekena, et qui deviendra lieu de garnison de la Légion étrangère. Par l'importance numérique de sa population, Sidi-bel-Abbès, 61 355 habitants en 1950, occupe le cinquième rang parmi les agglomérations urbaines de l'Algérie coloniale. Elle est alors le centre d'une des régions agricoles les plus prospères, (blé, orge, avoine, auxquels se sont joints la vigne et l'élevage). D'autres bourgades comme Burdeau, Affreville, Changarnier sont des créations qui datent de la conquête militaire française.

On ne peut quitter l'Oranie sans évoquer les villes d'Aïn-Temouchent, Saint-Denis-du-Sig, Perrégaux et Relizane (aujourd'hui Ighil-Izane), qui sont des marchés importants de vins ou de céréales, de primeurs, de coton ; sans évoquer Mascara, siège du beylik turc de l'ouest jusqu'en 1791. C'est là, on l'a vu, qu'Abd el-Kader établit en 1832 la capitale de son gouvernement. Trois mois plus tard, le maréchal Clauzel incendiait et démantelait la ville. Abd el-Kader y revint en 1837, pour céder la place le 30 mai 1841 à Bugeaud. Mascara comptait 35 078 habitants en 1950.

Constantine la suspendue et le Constantinois

Constantine, ville perchée sur un immense piton, ville entourée de gouffres, ville imprenable... Avec ses ponts et ses passerelles hissées à même le vide, la cité présente le site extraordinaire d'une « presqu'île ». Dumas compare ainsi le piton rocheux à « une ville fantastique, quelque chose comme l'île volante de Gulliver ». Une ville tout entière tassée au sommet d'un bloc, entourée des gorges du Rummel longues d'environ deux kilomètres, profondes de plus de 100 mètres... Cette position unique, étrange, impressionnante est chargée d'histoire.

Constantine s'appelait Cirta, capitale des rois de Numidie, Syphax, Massinissa, Jugurtha qui résistèrent longtemps à la puissance romaine avant de succomber. Elle est le grenier à blé de l'est du pays qui s'étendait, du temps des Numides, jusqu'à Tunis. Située à un carrefour stratégique des routes, et silo à blé fort convoité, Constantine est alors l'une des villes les plus riches d'Afrique. Détruite par Maxence en 311, lors d'une insurrection, Cirta est relevée par les soins de l'empereur Constantin et prend alors le nom de Constantine. Son rocher subit le déferlement des Vandales, puis des hordes byzantines. Au Moyen Âge, Constantine appartient tour à tour aux diverses dynasties musulmanes qui se succèdent. Elle dépendait des Hafsides de Tunis lorsqu'elle fut conquise au début du XVIe siècle par les Turcs d'Alger qui en font le chef-lieu d'un vaste beylik. Le plus célèbre et le plus populaire des beys constantinois se nomme Salah (1771-1792), qui embellit la ville, fit réparer ses ponts, remit de l'ordre dans ses affaires administratives.

Constantine, avec à sa tête Bey Ahmed, résista avec acharnement à la conquête française. Une première expédition française partie de Bône avec 7 000 hommes échoua en novembre 1836. Une nouvelle armée de 10 000 hommes, sous la conduite du général Damrémont, mit le siège le 6 octobre 1837 devant la ville. Les généraux Damrémont et Perrégaux furent tués, et c'est le général Valée qui, le 13 octobre, réussit à créer une brèche dans le dispositif de défense. Maison par maison, rue par rue, le combat fit rage. Les derniers défenseurs de la ville furent précipités dans les gorges du Rummel. Échappé au désastre, Ahmed Bey se réfugia dans les Aurès et tint tête pendant onze ans encore aux troupes françaises, avant de se soumettre en juin 1848. Parmi les grandes villes de l'Algérie coloniale, Constantine est celle où les Algériens musulmans ont l'influence la plus forte au moment de la colonisation française. En 1876, on dénombre 34 700 Algériens musulmans contre 17 000 Européens ; en 1906, 28 000 contre 26 000 ; en 1936, 56 000 d'une part et 50 000 de l'autre, dont 14 000 Juifs. Constantine est d'ailleurs la ville d'Algérie où les Juifs sont proportionnellement plus nombreux : 18 % sans doute en 1936. À la veille de l'insurrection de 1954, elle compte 118 000 habitants.

Constantine est la plus grande ville de l'intérieur du pays parce qu'elle en est le plus grand marché : point de contact et lieu d'échanges entre le Tell et les hautes plaines, 60 kilomètres à vol d'oiseau la séparent de la mer pour ses débouchés. Le fait d'être grand marché du commerce des graines, centre d'artisanat, premier centre de la minoterie algérienne explique la croissance urbaine de Constantine.

Dans le Constantinois, les cultures maraîchères, la vigne, les agrumes se développent dans les petites plaines côtières de Djidjelli, de Philippeville (Skikda) et surtout de Bône (Annaba), où le coton et le tabac tiennent une grande place. On retrouve également sur les hautes plaines de Constantine la grande culture du blé. Plus à l'est, dans la région de Guelma, les colons développent l'élevage intensif du gros bétail. Mais cette situation ne doit pas faire illusion. La présence coloniale française dans l'Est algérien demeure faible, fragile. Le recensement de 1948 indique que dans la partie occidentale du pays, c'est-à-dire dans le département de Constantine, agrandi des arrondissements orientaux du département d'Alger, le rapport des Européens aux Algériens musulmans est inférieur à 5 %. C'est l'histoire, et non la géographie, qui permet de comprendre cette faiblesse d'installation. La guerre de conquête, dans l'Est algérien, a été particulièrement âpre, sanglante, difficile. Longtemps, les communications à partir de Constantine, en direction de Philippeville et d'Alger, resteront incertaines par manque de sécurité.

Bône, 102 800 habitants en 1950, est le troisième grand port d'Algérie. Au débouché des minerais de fer de l'Ouenza, la ville exerce une forte attraction urbaine sur les villes environnantes. En 1936, elle compte près de 50 % d'Algériens musulmans. L'immigration italienne et surtout maltaise fournit le gros de la population « européenne ».

Philippeville, 57 100 habitants en 1950, est la quatrième ville maritime de l'Algérie coloniale par le nombre. Pour donner un débouché sur la mer à Constantine, elle fut fondée par le maréchal Valée sur les ruines de l'antique Rusicade, en 1838. La singularité de cette ville résulte surtout de sa situation sur le beau golfe de Stora. En 1936, on y dénombrait plus de 50 % d'Algériens musulmans. Comme Bône, elle compte dans ses murs de nombreux Italiens et Maltais (3 000 en 1936).

Située sur la côte ouest du golfe qui porte son nom, au débouché de l'oued Soummam dont la vallée profonde sépare les deux Kabylies, Bougie (aujourd'hui Bejaïa) est une ville bâtie en amphithéâtre sur le flanc oriental du djebel Gouraya. En 1936, c'est une ville de 30 500 habitants, dont 6 000 Européens seulement contre 24 000 Algériens musulmans, d'origine kabyle pour la plupart, dont le port est devenu un important débouché agricole de la région.

Parmi les villes de l'Est, Sétif se place par sa population après Constantine, Bône et Philippeville. La ville est une création militaire sur les ruines de la cité romaine de Sitifis. Le commerce des grains est à la base de son développement. Elle compte 51 674 habitants en 1950, dont près de 80 % d'Algériens musulmans.

En dépit de son marché et de son commerce de bestiaux, Guelma, création militaire de Clauzel, est en pleine stagnation dans les années trente. Souk Ahras résiste mieux, grâce à la variété des ressources de la région dont elle est le centre urbain et, comme son nom l'indique, le marché. Le port de Djidjelli comptait 21 200 habitants en 1950.

Sur la lisière méridionale des steppes, Batna, ville militaire établie en 1844 pour garder le débouché de la route des Zibans et le massif montagneux fortement peuplé des Aurès, se développe comme ville de garnison et comme marché régional. Les Européens y sont très minoritaires (3 392 sur 11 723 habitants en 1936).

Il en va de même à Tébessa où, pour 5 695 Algériens musulmans, on a recensé 2 075 Européens en 1936. Tébessa est l'antique Theveste, ville qui était importante au IIIe siècle avant J.-C. (30 000 habitants). Au temps des Turcs, elle est occupée par une petite garnison de janissaires, mais les véritables maîtres de la région sont les Nemencha, forte tribu de Berbères arabisés qui vont résister durablement à la conquête française. La ville n'est prise qu'en 1851.

À la porte du désert, Biskra va devenir la station d'hivernage la plus prospère du Sud algérien. La ville romaine s'appelait Vescera. Sidi Okba, le grand conquérant arabe, y est passé et de là il parvint jusqu'à l'Atlantique ; il est mort vingt ans plus tard dans les environs. Biskra, comme tout le territoire des Ziban, voit successivement pénétrer dans ses murs les Benni Hammad, les Arabes hilaliens, les Almohades, les Hafsides de Tunis, enfin les Turcs au XVIe siècle. En 1844, le duc d'Aumale l'occupe et y laisse une petite garnison. Celle-ci se fait massacrer, et il faut attendre 1849 pour que s'installe la domination française. Biskra commande l'accès d'une vaste dépression où, d'ouest en est et du nord au sud, des chapelets d'oasis rassemblent les groupements les plus denses des populations sahariennes.

Le Mzab, la foi dans le désert

Le Sahara, vide sans dimension, sans forêts ni rivières, sans prairies ni vergers, sous un soleil implacable... Et pourtant. Ni plat ni monotone, le Sahara est un désert multiple, pluriel qui change d'aspect tous les 100 ou 200 kilomètres.

C'est en venant de Laghouat et en se dirigeant plein sud que l'on prend contact avec le véritable désert saharien. Au XIe siècle, les Ibadites qui se considèrent comme les seuls véritables musulmans viennent trouver refuge dans le Chebka (filet, en arabe). Dans ce désert de solitude, ils s'intègrent à la cuvette du Mzab, en prennent le nom, devenant ainsi les Mozabites. Depuis neuf siècles, les Mozabites défoncent les oueds pour mettre à nu l'assise gypseuse avec laquelle ils édifient leurs maisons.

À Ghardaïa, ville sainte du Mzab, comme dans toutes les villes de la région, les puits se serrent les uns contre les autres, comme autant de témoignages de droits de prospérité bien marqués. Le Mzab comptait environ 270 000 palmiers en 1950. Cinq villes, très proches les unes des autres, forment ce que l'on appelle la Pentapole : El-Ateuf, fondée en 1025 ; Bou-Noura (1048) ; Ghardaïa (1050) ; Beni-Isguen (1347) et Melika, auxquelles il faut ajouter Guerrara et Berriane, fondées au XVIIe siècle. En 1853, ces villes du Mzab acceptent l'offre de Randon et passent sous protectorat de la France. Mais l'annexion totale est décidée en 1882. Ce changement de statut n'entraîne pas l'arrivée d'un peuplement européen. Ainsi Ghardaïa compte, en 1950, 15 000 habitants, tous musulmans. Elle est la capitale du Mzab, exploitant une immense palmeraie de 60 000 dattiers.

Dans chaque ville du Mzab coexistent deux mondes étanches : le monde du marché, ouvert sur l'extérieur, et l'espace religieux avec sa mosquée sombre, nue et froide, monde sacré et secret protégé par un labyrinthe de ruelles.

Sur le revers méridional de l'Atlas saharien, voici Laghouat, gîte d'étape obligé sur la route du Mzab et des oasis plus lointaines de l'extrême Sud, dont El-Goléa. La cité, dans un premier temps, se soumet au général français Marey-Monge (1844), puis se soulève. Les troupes françaises, sous les ordres du général Pelissier, écrasent cette insurrection en décembre 1852. Plus au sud, Touggourt, capitale naturelle de l'oued Rirh. Les palmeraies qui l'entourent sont très étendues. Elles comptent 170 000 dattiers, à l'ombre desquels sont cultivés quelques céréales et des légumes.

La route saharienne qui part de Laghouat et passe par Ghardaïa arrive à El-Goléa. Cette oasis, annexée en 1873 par le général de Galliffet et occupée en 1891, est le pays des Chaamba Mouadhi. C'est dans cette tribu que le commandant Laperrine recrute les premiers méharistes sahariens pour continuer la conquête du Sahara central. Ils seront un instrument efficace de pénétration française au Sahara.

Le Sahara

Désert pluriel, espace immense chargé d'histoire, le Sahara ne s'enferme pas dans une seule définition. En passant par Mascara et Saïda, on rejoint une des autres portes du désert, Aïn Sefra, « la source jaune », adossée au massif du djebel Mekter, au cœur des monts des Ksour. C'est d'Aïn Sefra, en mai 1903, que Lyautey entreprend la conquête du Sud oranais. L'année suivante, en 1904, c'est à Aïn Sefra qu'une violente crue de l'oued emporte l'étrange Isabelle Eberhardt, convertie à l'islam. Au-delà, la ville de Colomb-Béchar, située à 784 mètres d'altitude, est le nœud de communication avec le haut Guir, le Tafilalet, les oasis sahariennes du Touat. Plus au sud encore, Beni-Abbès, avec ses 8 000 palmiers et ses nombreux arbres fruitiers. C'est de Beni-Abbès que partit le capitaine Augieras, des Affaires indigènes d'Algérie, le 22 novembre 1920, pour opérer la liaison Algérie-Mauritanie, en réalisant la première traversée complète du Sahara occidental à travers les régions désertiques de l'Iguidi et du Hank. Le voyage saharien s'achève dans le grand Sud. C'est le domaine des Touaregs, « seigneurs du désert », célèbres pour leurs vertus guerrières et leurs poèmes d'amour courtois. Tribus nomades de Berbères métissés de Noirs qui parlent le tamachec, ils forment une société de type aristocratique et matriarcal. Les hommes, de haute stature, portent le voile noir ou bleu indigo qui ne laisse voir que les yeux, protège le visage du soleil et du sable. Habités par la foi musulmane, ils parlent et écrivent le berbère. Le Hoggar est comme leur citadelle, mais ils ont des antennes vers le Soudan : par l'adrar des Iforhas, région de pâturages de nomades dotée de quelques oasis ; par l'Aïr, à la croisée des grandes routes sahariennes vers le Fezzan... C'est la fin du voyage où la légende a situé « l'Atlantide ».

En 1932, sont découvertes les peintures rupestres du tassili des Ajjers (3 000 à 5 000 avant J.-C.). Dans les images les plus anciennes, on reconnaît des girafes, des autruches, des personnages masqués, proches parents des Cyliens qui envahirent l'Égypte, des représentations de batailles entre guerriers, des danses... [19].

Les territoires du Sud n'ont été conquis par la France que très tardivement. Dans les dernières années du XIXe siècle, en effet, les populations du Sahara oriental étaient influencées par la confrérie senousis qui, à partir de Koufra, trouvait dans les conquêtes coloniales anglaise et française l'occasion de réveiller la foi musulmane. Le fondateur du mouvement, el-Senousis,

« J'ai habité tour à tour les deux sites, le rocher puis la plaine où Cirta et Hippone connurent la grossesse puis le déclin dont les cités et les femmes portent le deuil sempiternel, en leur cruelle longévité de villes-mères ; les architectes n'y ont plus rien à faire, et les vagabonds n'ont pas le courage d'y chercher refuge plus d'une nuit ; ainsi la gloire et la déchéance auront fondé l'éternité des ruines sur les bords des villes nouvelles, plus vivantes mais coupées de leur histoire, privées du charme de l'enfance au profit de leur spectre ennobli, comme les fiancées défuntes qu'on fixe aux murs font pâlir leurs vivantes répliques ; ce qui a disparu fleurit au détriment de tout ce qui va naître... Constantine et Bône, les deux cités qui dominaient l'ancienne Numidie aujourd'hui réduite en département français... Deux âmes en lutte pour la puissance abdiquée des Numides. Constantine luttant pour Cirta et Bône pour Hippone comme si l'enjeu du passé, figé dans une partie apparemment perdue, constituait l'unique épreuve pour les champions à venir : il suffit de remettre en avant les Ancêtres pour découvrir la phase triomphale, la clef de la victoire refusée à Jugurtha, le germe indestructible de la nation écartelée entre deux continents, de la Sublime Porte à l'Arc de Triomphe, la vieille Numidie où se succèdent les descendants romains, la Numidie dont les cavaliers ne sont jamais revenus de l'abattoir, pas plus que ne sont revenus les corsaires qui barraient la route à Charles Quint... Ni les Numides ni les Barbaresques n'ont enfanté en paix dans leur patrie. Ils nous la laissent vierge dans un désert ennemi, tandis que se succèdent les colonisateurs, les prétendants sans titre et sans amour... »

Kateb YACINE, *Nedjma*.

était mort en 1859, mais son fils Sidi el-Mahdi avait étendu son autorité, du Soudan égyptien et du Ouadaï, à travers la Tripolitaine et le Tibesti, jusqu'au Hoggar. Au début de l'année 1873, le général de Galliffet franchit les six cents kilomètres qui séparent Biskra d'El-Goléa. L'idée d'un chemin de fer transsaharien, lancée en 1875 par l'ingénieur Duponchet, reçoit un accueil favorable. Le rail atteint Aïn Sefra en 1887 et Biskra en 1888, mais le projet n'aboutira jamais.

À la suite de multiples batailles, en particulier contre les redoutables guerriers Touaregs dans le Hoggar, la France étend progressivement son emprise dans le Sud. Le décret du 24 décembre 1902 crée une nouvelle unité administrative : les territoires du Sud, avec quatre circonscriptions, Aïn Sefra, Laghouat, Ouargla, Les Oasis. Tandis que l'occupation du Sud oranais par Lyautey permet l'occupation de Colomb-Béchar en 1903, le commandant Laperrine achève la conquête du grand désert saharien entre 1901 et 1910. Mais l'intérêt pour l'immensité saharienne ne s'éveillera que par la découverte du pétrole [6].

Au début des années cinquante, on parle d'énormes bassins houillers, de gisement de minerai de fer, d'uranium. C'est finalement le pétrole qui surgit. L'aventure commence en 1952 avec les premiers forages. En 1954, à la veille de l'insurrection algérienne, le gaz jaillit et c'est bientôt la découverte des premiers indices d'« huile » à Hassi-Messaoud, à 80 kilomètres au sud d'Ouargla.

VI / La vie politique dans l'entre-deux-guerres

La vie politique en Algérie française

En France, à la veille des années 1930, toute une série d'événements vont marquer durablement le pays. Dès 1920, la fondation du Parti communiste français influe sur la vie politique. Le fascisme naît peu après. L'année suivante, c'est la relativité que l'on découvre. L'œuvre d'Einstein, vulgarisée, fait sensation dans les milieux intellectuels. En 1924, c'est l'*Introduction à la psychanalyse* de Freud que l'on traduit. Le *Manifeste du surréalisme*, signé d'André Breton, paraît à l'automne 1924. La décennie voit donc arriver le communisme, les théories d'Einstein, la psychanalyse et le surréalisme..., de quoi bouleverser beaucoup de conceptions. L'inflation galope, les retraités touchent en 1928 six fois moins qu'en 1919, mais l'industrie commence un développement brillant. Le taux de natalité baisse, mais la consommation d'alcool quadruple de 1919 à 1930. Et, surtout, la France possède un Empire, les fameuses taches roses sur la carte du globe. La dernière guerre coloniale se solde par une victoire dans le Rif marocain en 1925 ; les entreprises françaises s'installent en Afrique et en Indochine. Dans la fébrilité, se préparent les fêtes grandioses du Centenaire de la conquête de l'Afrique et l'Exposition coloniale de 1931 à Paris, au bois de Vincennes.

Pour l'opinion publique, les colonies sont « bien en main ». Le 3 mai 1930, le président de la République française, Gaston Doumergue, s'embarque à Toulon sur un vaisseau de la marine nationale pour « aller, au nom de toute la France, saluer l'Algérie et s'associer aux fêtes organisées pour célébrer l'œuvre admirable de colonisation et de civilisation réalisée entre ces deux dates, 1830-1930... ». Ces paroles sont les premières de tous les discours, ou allocutions, que Gaston Doumergue prononce au cours de son voyage en Algérie, du 4 au 12 mai.

En 1930, les premiers doutes, nés de l'expansion du communisme en Europe, qui fait le procès de la colonisation, et les peurs surgies à l'occasion de l'insurrection des Riffains contre la présence française au Maroc, s'effacent dans les fêtes du Centenaire de la prise d'Alger. On préfère chanter un passé embelli que considérer l'avenir, masquer les vraies questions dans les discours et les fêtes. C'est l'apogée de l'Algérie coloniale [5].

Mais derrière la façade brillante s'exprime le malaise éprouvé par l'impasse politique. Maurice Viollette, gouverneur de l'Algérie de 1925 à 1927, souligne : « Dans quinze ou vingt ans, il y aura plus de dix millions d'Algériens en Algérie, sur lesquels près d'un million d'hommes ou de femmes pénétrés de culture française. Allons-nous en faire des révoltés ou des Français ? » Après qu'on lui eut signifié qu'il ne pouvait impunément toucher au *statu quo* colonial, Maurice Viollette, surnommé par les ultras « Viollette l'Arbi », s'était vu placé devant le dilemme classique : se soumettre ou se démettre. Les délégations financières avaient fini par obtenir son rappel en 1927. Redevenu simple parlementaire, il essaie de formuler ses propositions, en 1931, dans un projet de loi.

En Algérie française, les partis de Paris ouvrent leurs succursales. Les pieds-noirs alignent, *grosso modo*, leurs votes sur ceux de la métropole. Les radicaux, qui représentent le souvenir de la République, sont très actifs et quasi souverains, en phase avec les nombreuses loges de la franc-maçonnerie, en particulier le Grand Orient. Les citadins, dont les pères ruinés par le processus de culture spéculative dans les campagnes ont regagné les villes, sont divisés socialement et politiquement. Ils donnent leurs voix à la SFIO, et 25 % au bloc ouvrier et paysan (communiste) à Alger en 1924, font élire à la mairie d'Oran le candidat socialiste Dubois. Cet électorat de gauche, important, enverra quatre députés « Front populaire » sur les dix auxquels aura droit l'Algérie en 1936. Le 12 février 1934, 10 000 personnes, dont la moitié de musulmans, manifestent devant de la Grande Poste d'Alger contre le fascisme. Ils sont 15 000, la même année pour s'opposer à la venue du colonel de La Rocque, chef des Croix-de-Feu, dans la capitale algérienne [28]. Les idéologies d'extrême droite, qui naissent en Europe, gagnent alors des couches importantes de l'opinion en Algérie. Défenseurs de la souveraineté française, Charles Maurras et Jacques Doriot parcourent l'Algérie, prononcent des discours faisant appel à la « latinité » du pays.

Dans le registre de la droite nationaliste, le colonel de La Rocque impulse les premières sections Croix-de-Feu en Algérie, en 1931. En 1934, la section Croix-de-Feu d'Alger vient immédiatement après celle de Paris par l'importance. L'implantation s'accélère à partir de février 1934 par la création d'associations annexes : « Briscards », « Volontaires nationaux », « Section féminine ». En juin 1935, après la gigantesque parade de 150 000 Croix-de-Feu à Oued Smar, de La Rocque déclare : « Une immense croix de feu déferle sur le pays. » Après la dissolution de son mouvement par le Front populaire le 18 juin 1936, le colonel de La Rocque fonde le Parti social-français qui, avec 26 000 adhérents, devient le premier parti européen d'Algérie. La création du PSF en Algérie intervient au moment où organisations et partis de droite se sont unis dans le Rassemblement national d'action sociale fondé par l'abbé Lambert.

Ce dernier, né le 3 avril 1900 à Villefranche-sur-Mer, ordonné prêtre à Saint-Flour, devient un personnage politique important dans l'Algérie de l'entre-deux-guerres. Pour sa compétence de « sourcier », il est appelé par la mairie d'Oran en 1932, est élu conseiller municipal le 24 décembre 1933. Il se retrouve maire d'Oran le 18 mai 1934 contre la liste socialiste du « bloc antifasciste » conduite par M. Dubois. À partir de cette élection, son aventure s'insère dans un projet politique plus important : rénover les forces politiques européennes. Son action en faveur d'un regroupement des droites trouve sa concrétisation dans le Rassemblement national d'action sociale. Battu en 1936, il sera réélu sous cette étiquette en octobre 1937. Il multipliera alors les déclarations à forte coloration antisémite, se battra contre le projet Blum-Viollette (*cf.* ci-après), se rendra en Espagne où il obtiendra, par deux fois, des entretiens avec Franco.

Dans ces luttes politiques de l'entre-deux-guerres, comment se situent les Juifs d'Algérie, citoyens français depuis 1870 ? Ils vont être particulièrement marqués par les événements du 5 août 1934 dans la ville de Constantine. Le 3 août, un soldat juif, ivre, Khalifa, a-t-il proféré des insultes à l'encontre des musulmans ? De nombreux musulmans se rassemblent, pénètrent dans le quartier juif où six devantures de bijouterie sont brisées. La journée du lendemain, samedi 4 août, est calme. Mais le lendemain, dimanche 5 août, un bruit court : le docteur Bendjelloul (président de la Fédération des élus indigènes du Constantinois) aurait été assassiné par des Juifs ! C'est la ruée vers le quartier juif : invasion, pillages, incendies, meurtres... [14]. Le bilan est lourd : 22 Juifs sont tués (dont cinq femmes et quatre enfants),

27 sont sérieusement blessés ainsi que 21 musulmans. La troupe, l'arme au pied, n'intervient pas.

Ce pogrom de Constantine a meurtri la communauté juive d'Algérie. Eux qui s'étaient comportés en citoyens loyaux, notamment pendant la guerre, les voilà citoyens démunis, de seconde zone, opposés aux musulmans avec qui ils vivaient ! Ils rompent avec les politiciens de droite, apportent massivement leurs suffrages aux candidats du Front populaire en Algérie. En 1938, le maire qui semblait inamovible, E. Morinaud, sera battu aux élections municipales par les candidats d'Union populaire.

Toute cette agitation politique démontre que la société des Français d'Algérie est aussi peu homogène que la société métropolitaine. Ainsi, alors que l'abbé Lambert va rencontrer Franco en Espagne, plusieurs centaines d'Oranais forment un contingent de volontaires pour aller combattre dans les Brigades internationales. Parmi eux, José Gasquet, petit chevrier, deviendra général de l'Armée républicaine. La CGT réunifiée se développe aussi à cette époque, et comptera 25 000 militants, mais essentiellement d'origine européenne. Cette méfiance des Algériens musulmans a une origine. Les règles qui régissent le fonctionnement de la société algérienne font, en fait, qu'il existe deux « partis » politiques : celui des Français et celui des indigènes. Ceux qui ont le bulletin de vote, et ceux qui ne l'ont pas. Pour tenter de remédier à cet état, le fameux projet Blum-Viollette va voir le jour en 1936, et va cristalliser les antagonismes. Mais pour comprendre ces affrontements, il faut présenter auparavant les positions en présence : celles des Algériens, celles des partis politiques de la métropole.

L'éveil du nationalisme algérien

Dès la période de l'entre-deux-guerres, les aspirations nationales algériennes s'expriment en des organisations multiples et souvent antagonistes. Très schématiquement, quatre orientations se dessinent : celles prônées respectivement par les oulémas, le mouvement Jeune Algérien, le courant communiste et le mouvement nationaliste radical qu'incarne l'Étoile nord-africaine.

Opposé à toute forme segmentaire et locale d'un certain islam cristallisé autour de sanctuaires et de saints locaux, se développe le mouvement de réforme qui reconnaît l'autorité des théologiens réformistes : les oulémas. Ces « docteurs de la loi » représentent l'orientation « nationalitaire » défendant l'identité culturelle en une formule restée célèbre : « L'arabe est ma langue, l'Algérie est mon pays, l'islam est ma religion. » Le fondement de leur doctrine politique se résume par les catégories : *umma* (nation), *cha'ab* (peuple), *watan* (patrie), *quawmiyya* (nationalité). Cette Association des oulémas d'Algérie fut créée à Alger en 1931, et son président était le cheikh Abdelhamid Ben Badis (1889-1940), issu d'une grande famille musulmane de Constantine. Sa bataille se veut essentiellement culturelle. L'*Islah*, la Réforme, devait conserver la pureté originelle de l'islam, en luttant contre les superstitions des confréries religieuses et les marabouts. Des cercles culturels, des *medersas* (collèges dépendant de l'autorité religieuse), des associations de bienfaisance portent la parole ouléma. Dans sa presse bilingue, les feuillets français se font l'écho de revendications au nom des principes de 1789 : les musulmans assumant les devoirs des Français en ont aussi les droits. Les feuillets arabes « opposent la grandeur passée du Maghreb à l'humiliation actuelle des musulmans en pays colonisé ».

Ce mouvement, parti des anciennes villes de l'intérieur (Tlemcen, Constantine, Nedroma...), couvre les campagnes d'associations de toutes sortes, avec en particulier les boys-scouts qui répandent le fameux slogan de Ben Badis. La participation de la paysannerie au nouveau monde urbain s'opère par l'intermédiaire des associations religieuses, nouvelles formes d'organisation au sein de la religion traditionnelle. Ce fait, selon Jacques Berque, crée un nouvel islam de type jacobin qui a un attrait particulièrement puissant non seulement auprès des marchands et des entrepreneurs islamiques des villes déclinantes de l'intérieur, mais également auprès de la classe rurale des moyens propriétaires [5]. La prédication égalitaire des oulémas va refléter l'idéal du petit fellah, et le « rêve » de réforme agraire donnant à chacun une part égale correspond à la première phase du nationalisme dans les campagnes.

Les oulémas participent au Congrès musulman, rassemblement mis en place pour soutenir le Front populaire en 1936. Le cheikh A. Ben Badis déclare se satisfaire des réformes promises par le fameux projet Blum-Viollette, en attendant que le suffrage universel pour tous permette « l'intégration pure et simple de la collectivité musulmane dans la grande famille française ». L'échec de ce projet, puis les événements de mai 1945 dans le Constantinois pousseront ultérieurement à une radicalisation des oulémas dans un sens indépendantiste.

Les premiers intellectuels algériens et des éléments d'une bourgeoisie libérale en voie de constitution se trouvent représentés dans l'entre-deux-guerres par le courant Jeune Algérien, incarné par Ferhat Abbas. Né en 1899 dans le Constantinois, fils de caïd, docteur en pharmacie, ce dernier participera activement au mouvement qui réclame, jusqu'en 1936, l'égalité des droits dans le cadre de la souveraineté française. Ferhat Abbas, en n'identifiant pas le système colonial à la France, veut espérer en la France idéale, celle des principes de 1789. Si la France est ce pays qui a inventé, par la « Grande Révolution », la culture démocratique, elle peut donc imposer aux Européens d'Algérie le respect de l'autre, l'indigène privé de droits. Il prône donc l'égalité des droits avec ceux que l'on appellera les « pieds-noirs », mais reste attaché à sa personnalité religieuse : pour lui, on pourrait être à la fois Français à part entière et musulman à part entière. Il impute toute l'injustice du colonialisme à la colonie européenne. Pour lui, il y a deux France, deux politiques : l'une de colonisation et d'oppression, l'autre d'apport de civilisation, de prestige moral. Il espère que la France choisira la bonne voie.

Si le Parti communiste algérien est officiellement fondé en 1936, le courant communiste existe en Algérie depuis la scission du congrès de Tours qui a vu la naissance du Parti communiste français en 1920. Bien implanté dans l'Oranie et surtout parmi les travailleurs des transports, le PCA aura du mal à « s'algérianiser » et ne comptera jamais beaucoup d'Algériens musulmans dans ses rangs. Sa base sera surtout européenne, même si ses principaux dirigeants ont pour noms Ben Ali Boukhort ou Amar Ouzegane. Sa conception de l'Algérie « nation en formation » énoncée en 1939, son refus du mot d'ordre de l'indépendance le feront se heurter au nationalisme radical. Mais par son contrôle du journal *Alger républicain*, et la crise que subira la principale organisation nationaliste, il connaîtra un rayonnement important au début des années 1950. La plupart des militants du PCA rejoindront le FLN en 1956, à titre individuel.

Le principal courant nationaliste est né en 1926 à Paris, en situation d'immigration. L'Étoile nord-africaine (ENA), dirigée par Messali Hadj, est alors le seul mouvement à réclamer ouvertement l'indépendance de l'Algérie. Messali Hadj est né en 1898 à Tlemcen. Fils d'une famille d'artisans et de cultivateurs, il fait son service militaire à Bordeaux en 1918. La découverte de la société française le pousse à émigrer, une fois démobilisé. Il se rend à Paris en 1923, fait tous les métiers pour vivre. C'est au moment de la guerre du Rif et du soulèvement d'Abd el-Krim au Maroc que Messali Hadj commence une véritable carrière politique, au contact du PCF, dans l'immigration, comme d'autres travailleurs algériens. En juin 1926, en plein cœur de la métropole coloniale, Paris, l'ENA voit donc officiellement le jour, avec le soutien actif du PCF affirmant que « son but fondamental est la lutte pour l'indépendance totale de chacun des trois pays : Tunisie, Algérie et Maroc, et l'unité de l'Afrique du Nord ».

En février 1927, Messali Hadj, secrétaire général de l'Étoile, assiste au congrès de Bruxelles organisé par la Ligue contre l'oppression coloniale créée dans la mouvance de l'Internationale communiste. Il y déclare notamment : « Le peuple algérien, qui est sous la domination française depuis un siècle, n'a plus rien à attendre de la bonne volonté de l'impérialisme français pour améliorer son sort. » Il se prononce pour l'indépendance totale de l'Algérie, la création d'une Assemblée constituante souveraine.

L'Étoile nord-africaine est dissoute au mois de novembre 1929 par le gouvernement français, elle est accusée de propagande subversive contre la France. Elle groupe alors 3 600 militants répartis en quinze sections, dont huit à Paris. Les Kabyles sont très présents dans l'encadrement du mouvement nationaliste naissant. Le journal de l'ENA, *L'Ikdam*, commençait à se faire connaître en Afrique du Nord avant la dissolution.

Au moment des fêtes grandioses organisées en Algérie en 1930 pour le centenaire de la colonisation, le mouvement nationaliste algérien est exsangue, tiraillé par les luttes entre nationalistes et communistes, qui veulent s'en assurer le contrôle. En juin 1933, l'ENA se reconstitue. Ses nouveaux statuts adoptent l'interdiction de la double appartenance avec le PCF. Les immigrés algériens, qui ont jusque-là suivi des rails tracés par d'autres, décident de construire leur propre route. Le programme de l'organisation prévoit toujours la conquête de l'indépendance de l'Afrique du Nord. Messali Hadj de Tlemcen, Imache Amar et Radjef Belkacem de Grande Kabylie composent la nouvelle direction de l'organisation, dont le journal *El Ouma* est tiré à Paris à plusieurs milliers d'exemplaires. Malgré la répression constante (arrestation des principaux dirigeants de l'Étoile en novembre 1934), l'ENA redouble d'activité. De mai à août 1935, elle tient 44 meetings dans la seule région parisienne. La police lui reconnaît 2 500 adhérents environ. L'Étoile nord-africaine, qui a adhéré officiellement au Comité du rassemblement populaire (devenu le Front populaire), se montrera pourtant inquiète et déçue de l'attitude des représentants du Front populaire vis-à-vis du problème colonial.

L'enfantement du sentiment national dans la société algérienne, essentiellement dans l'entre-deux-guerres, ne se réduit pas toujours à l'activité des quatre courants évoqués ci-dessus. Ce sentiment qui va progressivement s'étendre à toute la société s'appuie d'abord sur un mouvement de déception à l'encontre de la « francisation ». Ben Badis, leader des oulémas, qui fonde de grandes espérances dans le gouvernement de Front populaire des années 1936-1938, incarne le mieux l'espoir de ce processus. Mais comme il apparaît de plus en plus clairement — au cours de longues années d'échec politique — qu'aucun gouvernement français n'est capable d'entreprendre des réformes, que s'affirment la mauvaise volonté et l'incapacité à faire des concessions, les nationalistes militants gagnent du terrain, et la tendance aux opérations clandestines pour un renversement brutal de l'ordre existant s'accentue.

Les partis politiques français et la question algérienne

L'Exposition coloniale de 1931 avait accueilli 33 millions de visiteurs. Succès énorme ! D'ailleurs, le problème colonial ne constitue pas une ligne de clivage fondamental entre la droite et la gauche traditionnelles. Les radicaux sont, bien sûr, très attachés à l'Empire. Dans l'entre-deux-guerres, franchement capitalistes ou plus ou moins vaguement coopératives, la plupart des grandes exploitations rurales, les grandes minoteries et les institutions de crédit s'intéressant à l'agriculture algérienne sont entre les mains d'hommes ou d'anciens hommes du parti radical. Les chambres de commerce y sont inféodées. Le parti radical se contente en toutes matières, depuis 1900, du *statu quo* ; par tactique, il est toujours prêt à admettre quelques amendements, pourvu que les concessions faites n'ébranlent pas les privilèges économiques et sociaux que ses tenants se sont assurés par leur « persévérance ». Ceux-ci tiennent essentiellement à ne pas se laisser évincer de la domination des municipalités au bénéfice de « l'élément indigène ».

Parti de gouvernement, son « programme » reste, tandis que les hommes passent. En 1936, ils ont pour nom Lebeau, gouverneur général d'Algérie, Louis Millot, directeur des Affaires indigènes, commissaire du gouvernement, Raoul Aubaud, secrétaire d'État à l'Algérie, ami de Daladier, qui fournissent les informations, invoquent de perpétuels désordres dus, selon eux, à tout changement qui pourrait intervenir.

Les socialistes, de leur côté, demeurent les partisans convaincus du principe de l'assimilation : « Il ne peut y avoir qu'une formule pour signifier et désigner la politique coloniale socialiste, c'est celle de l'assimilation ! » s'exclame J. Lagrosillière au nom de la Fédération de la Martinique, au congrès de la SFIO à Clermont-Ferrand en 1926. Dans les années trente, les socialistes se limitent à réclamer l'application des libertés démocratiques aux musulmans, à améliorer le statut des travailleurs européens, et à aménager les structures coloniales. L'attitude de Léon Blum face au problème colonial illustre assez bien les hésitations des socialistes français, qui en majorité continuent sur la question à se réclamer de Jaurès (sans toutefois partager sa conception de la nation). Il condamne l'expansion coloniale guerrière, mais aussi l'insurrection des peuples colonisés. En réalité, le pacifisme continue à dominer chez lui comme chez la plupart des socialistes français de l'entre-deux-guerres. Si les idées de *self government* avaient déjà reçu l'approbation de certains dirigeants socialistes, comme Léon Blum de 1927 à 1931, on n'en retrouvera aucune trace à l'époque du Front populaire.

Sur la question coloniale, et particulièrement algérienne, le Parti communiste français se situe dans la lignée du congrès de Tours de 1920. On sait que la majorité de ce congrès se prononça pour la position intransigeante exprimée en ces termes : « Le Parti est pleinement d'accord avec l'Internationale communiste pour dénoncer l'impérialisme colonial et pour prendre activement le parti des populations subjuguées par le capitalisme européen dans leur lutte contre l'oppression sous toutes ses formes. » Mais il faudra du temps pour que le PCF fasse peau neuve, se débarrasse des positions traditionnelles de la SFIO d'où sont issus la plupart de ses dirigeants. Il est violemment pris à partie, en décembre 1922, au IVe Congrès mondial de l'Internationale communiste, pour son orientation « esclavagiste » dans ses sections algériennes. En application des nouvelles directives de l'Internationale communiste, le PCF crée l'Union intercoloniale, avec son journal *Le Paria* où sont exposés publiquement les problèmes touchant à l'indépendance des colonies. Pendant la guerre du Rif en 1925, le PCF organise des grèves de dockers, la propagande antimilitariste dans la jeunesse. Dans la colonie immigrée en 1925, l'influence du Parti communiste, de plus en plus forte, a pour conséquence d'éveiller à la vie politique un certain nombre d'Algériens.

Le PCF s'engage activement dans la création de L'Étoile nord-africaine. Mais les rapports entre les deux organisations évoluent et se tendent brusquement à partir de 1928, pour passer au stade de la franche hostilité en 1930-1931. Il est un élément déterminant dans l'orientation de la politique du PCF : la place que prend l'Union soviétique, érigée explicitement à partir de 1928 « en facteur primordial de la révolution mondiale ». « L'internationalisme » va de ce fait être défini avant tout comme un soutien à la politique étrangère de l'Union soviétique. En fonction des variations de cette dernière, on s'adressera soit exclusivement « aux masses laborieuses » des colonies et semi-colonies, soit exclusivement « aux nationaux-réformistes » que l'on condamnait auparavant. C'est bien ce qui se produit à partir de 1928 jusqu'en 1934. Au VIe Congrès mondial de l'IC, qui lance l'orientation « classe contre classe », l'Algérien Aberderrame prend la parole pour indiquer qu'il faut « un véritable Parti communiste algérien » et ne souffle mot de l'existence de l'Étoile nord-africaine, signale l'historien J. Jurquet [28].

À la veille du Front populaire, le Parti communiste français tente de sortir de sa période d'isolement consécutive à l'application de la stratégie dite « classe contre classe », en fait essentiellement dirigée contre le Parti socialiste français et les mouvements nationalistes maghrébins. Il est inexistant au Maroc. En Tunisie, Juliette Bessis note que « dès 1926, le PC voit son activité mise en veilleuse » [57]. Le PC est minoritaire aussi en Algérie, comme en témoigne la répartition par département des suffrages socialistes et communistes lors des élections législatives générales de 1928 (10 888 et 2 156 voix) et 1932 (14 088 et 2 748 voix). À partir de 1935 s'opère la remontée de son audience. Après le pacte Laval-Staline qui va signifier l'abandon de toute bataille contre la « défense nationale », après le VIIe Congrès du Komintern où se trouve mise en avant la politique des fronts populaires, le PCF ne conciliera que pendant une très brève période l'antifascisme et l'anticolonialisme, sous l'impulsion de son responsable colonial, André Ferrat. Un virage spectaculaire aboutit à l'abandon du mot d'ordre d'indépendance des colonies. Le processus s'effectue en plusieurs étapes concernant l'Algérie. Au moment de la campagne électorale qui mène à la victoire du Front populaire, le mot d'ordre « d'indépendance nationale » est mis de côté, puis Maurice Thorez proclame le 23 décembre 1937, cette fois explicitement, que l'indépendance n'est plus à l'ordre du jour : « Le droit au divorce ne signifie pas l'obligation de divorcer. » L'opération s'achève le 11 février 1939 par l'analyse présentant l'Algérie comme « une nation en formation dans le creuset de vingt races ». Pour le PCF, « barrer la route au fascisme » passe avant la « lutte violente contre la démocratie française, sous le prétexte de l'indépendance » [40].

Face aux défenseurs de la présence française au Maghreb, une petite minorité du mouvement ouvrier français reste toutefois à contre-courant. On retrouve les continuateurs de la tradition anticoloniale dans un « Comité contre la guerre et l'union sacrée » dont la première réunion se tient à Saint-Denis les 10 et 11 août 1935. Ils entendent poursuivre leur bataille contre le « militarisme et le service militaire à deux ans », contre la « guerre impérialiste », dont l'agression italienne contre l'Éthiopie fournit à leurs yeux un exemple. Aux côtés d'un certain nombre d'écrivains, tels Henry Poulaille, Simone Weil, Magdeleine Paz, Jean Giono, se regroupent donc les socialistes de gauche de Marceau Pivert, les trotskistes, les syndicalistes révolutionnaires de la Révolution prolétarienne et du Combat syndicaliste, les libertaires de l'Union anarchiste. Ils ont derrière eux une tradition de lutte anticolonialiste, en particulier Daniel Guérin qui va siéger à la commission coloniale de la SFIO. Marceau Pivert, qui anime le courant Gauche révolutionnaire, participe le 15 mai 1934 à un meeting organisé par l'ENA. Pendant le Front populaire, la Gauche révolutionnaire de la SFIO resserre ses liens déjà anciens avec des Indochinois, des Marocains, des Algériens, et prend contact avec Habib Bourguiba, leader du Néo-Destour tunisien.

Le Front populaire : une occasion perdue ?

En France et en Algérie, la victoire électorale du Front populaire en mai 1936 est suivie par une vague de grèves. Le patronat ne tardera pas à « craquer », et ce sont les accords de Matignon. En France et en Algérie, des dizaines de milliers de personnes vont goûter aux joies des premiers congés payés, premières vacances, premières visites... De 1936 à 1938, l'essor des luttes nationales et sociales du peuple algérien, constaté depuis le début des années trente, ne se ralentit nullement, tout au contraire. Le 1er mai 1936, la CGT réunifiée organise un grand rassemblement au stade d'Alger. 11 000 travailleurs, dont une majorité d'Algériens, répondent à son appel. Au début du mois de juin 1936, le mouvement de grève se développe à Alger. 6 000 ouvriers réunis au Foyer civique décident le 12 juin la grève générale. Les travailleurs vont dans la banlieue d'Alger à Birtouta, Maison-Carrée, Arba, pour inciter et entraîner au débrayage les travailleurs d'entreprises industrielles et agricoles. Le mouvement s'étend rapidement aux corporations du bâtiment, de la chaussure, de la métallurgie, des pétroles. La raffinerie Shell est occupée par les grévistes, ainsi que la centrale du port.

Mais en Algérie, ce qui domine, secoue la scène politique, c'est le fameux projet Blum-Viollette déposé en décembre 1936. Avant ce projet, la législation concernant l'Algérie paraît surtout guidée par la volonté de limiter toute tentative des Algériens musulmans « d'obtenir une représentation politique proportionnelle à leur importance numérique », comme le note l'historien A. Nouschi [41]. Conservant son statut personnel, l'indigène musulman reste, dans l'Algérie française, un citoyen mineur. Soldat, il accomplit vingt-quatre mois de service, alors que les conscrits européens ne sont astreints qu'à dix mois de présence. Gradé, il reçoit une solde inférieure à celle de son homologue français. Fonctionnaire, il ne perçoit pas le quart colonial versé à tous les autres fonctionnaires en Algérie. Et surtout, il ne vote pas, n'est pas représenté à la Chambre des députés. La plus catégorique des décisions est peut-être celle du 30 mars 1935 : le « décret Régnier », qui « institue le délit politique en Algérie », démontre que la souveraineté française entend se faire respecter ; donc que toute manifestation contre ses représentants doit être punie en conséquence.

Tout va-t-il changer avec la victoire du Front populaire et le projet Blum-Viollette ? À la tête du ministère des Colonies, Léon Blum place l'avocat Marius Moutet qui était surtout connu pour avoir défendu les patriotes annamites devant les tribunaux. Au secrétariat d'État aux Affaires étrangères, chargé particulièrement des relations avec le monde arabe, il désigne Pierre Viénot, disciple de Lyautey. Et au secrétariat général du « Haut Comité méditerranéen » qu'il vient de créer, il nomme l'historien Charles-André Julien. Enfin, le vice-président du Conseil, Maurice Viollette, est chargé de s'occuper des affaires de l'Algérie.

Le projet Blum-Viollette visait à accorder l'égalité politique à une faible proportion de la population algérienne pour l'étendre progressivement au plus grand nombre. Sans abandonner son statut musulman, une minorité aurait obtenu les mêmes droits politiques que les citoyens français. Ainsi, pensait Viollette, était rompue la vieille incompatibilité entre la fidélité à l'islam et l'appartenance à la communauté politique française. La première couche de « promus » devait ensuite servir d'exemple aux autres. Environ 21 000 personnes, titulaires de certains diplômes, de certains grades ou distinctions militaires, auraient reçu ainsi (à titre personnel et non transmissible) la citoyenneté française. Le texte n'avait de sens que complété par une série de mesures favorisant la promotion sociale, économique, culturelle. Initiative prudente, réformiste dans sa démarche, le projet Blum-Viollette n'aborde pas la question de l'indépendance.

Le gouvernement de Front populaire, avant le dépôt du projet Blum-Viollette, se décide à prendre un certain nombre de mesures. Le décret du 25 septembre 1936, élargissant l'accession aux fonctions publiques prévue par l'article 14 (loi du 4 février 1919), confirme que depuis le senatus-consulte de 1865 « les indigènes français d'Algérie » forment une catégorie spécifique. L'hostilité des « ultras » au projet souligne la contradiction fondamentale de l'Algérie coloniale, l'incapacité du groupe dirigeant européen à élargir ses assises par l'intégration dans l'appareil administratif et politique de la fraction « cultivée » des commerçants et grands propriétaires fonciers musulmans. Du côté des nationalistes algériens, l'avènement du Front populaire avait suscité de grands espoirs. Mais, entre la chaleur communicative du printemps de la victoire et les discussions laborieuses sur le projet Blum-Viollette (annoncé le 30 décembre 1936) s'est développé un processus de méfiance puis d'hostilité entre le courant nationaliste indépendantiste algérien, incarné par l'Étoile nord-africaine (l'ENA), et le gouvernement de Front populaire.

Pour Messali Hadj, la revendication d'indépendance tend à se concentrer sur la demande d'un Parlement algérien passant par la convocation d'une Constituante : c'est ce qui apparaît nettement dans le numéro de mai-juin 1936 d'*El Ouma*, journal des nationalistes.

L'attitude des autres formations politiques algériennes a pu conforter le Front populaire dans son orientation sur la question algérienne. En juin 1936, la Fédération des élus, les oulémas, le PCA s'étaient groupés en un Congrès musulman. On peut lire dans la « charte revendicative » adoptée par ce congrès, au point 2, la revendication suivante : « Le rattachement pur et simple à la France avec suppression des rouages spéciaux : délégations financières, communes mixtes, gouvernement général. »

En demeurant sur des positions indépendantistes, les messalistes vont prendre le risque de s'exposer aux reproches formulés en des termes connus : le refus des réformes favorise le jeu de la droite conservatrice. L'isolement des messalistes est donc double : à l'égard du gouvernement de gauche et des autres partis politiques algériens. Mais cet isolement, bien réel dans la classe politique, n'est qu'apparent. Ainsi, le 2 août 1936, devant les responsables médusés du Congrès musulman, Messali Hadj est porté en triomphe par la foule à la suite d'un discours prononcé dans le stade d'Alger. Il y déclare : « Cette terre est à nous, nous ne la vendrons à personne. »

L'attitude des oulémas, plus nuancée et complexe dans l'accord au projet Blum-Viollette, peut se résumer dans la déclaration du cheikh Ibrahimi, prononcée plus tard, le 3 janvier 1944 : « La population musulmane n'avait adopté l'insignifiant projet Viollette que par nécessité politique, parce qu'elle était obligée de composer [...]. Il ne s'agissait que d'une question de tactique, une position d'attente. » [2]

Le 29 janvier 1937, le gouverneur général Lebeau obtient sans peine du gouvernement de Front populaire un décret de dissolution de l'Étoile, en application de la loi sur les milices et les ligues paramilitaires. Quelques jours auparavant, Ben Ali Boukhort, secrétaire général du PCA, avait dénoncé « la politique sectaire et anti-unitaire de l'ENA » (22 janvier 1937). Le 27 août 1937, Messali Hadj est arrêté avec cinq dirigeants du PPA.

La dissolution de l'Étoile nord-africaine qui comptait en 1937 près de 5 000 militants répartis essentiellement dans les régions parisienne et lyonnaise, les Bouches-du-Rhône, (quelques noyaux importants commencent à exister dans l'Est), clôt une période et en ouvre une autre. En effet, même si c'est encore en France, à Nanterre, que le 11 mars 1937 Messali Hadj annonce devant 2 000 travailleurs immigrés algériens qu'il vient de déposer avec Abdallah Filali les statuts du nouveau parti, le Parti du peuple algérien (PPA), le centre de gravité de la lutte politique se déplace. Le transfert du siège de la nouvelle organisation à Alger indique bien plus qu'un simple déplacement géographique. Désormais, priorité est donnée à l'action politique sur le sol algérien même, et dans ce cadre les militants immigrés en France vont être progressivement relégués au rang de force d'appoint.

L'idéologie indépendantiste

Dans son combat pour le rejet du projet Blum-Viollette, et au moment où s'opère le transfert du siège de l'organisation en Algérie, le mouvement indépendantiste affirme sa physionomie définitive au plan idéologique. L'affirmation de souveraineté est évidemment fondamentale dans la pratique du mouvement messaliste : « Nous ne sommes pas français, nous sommes un peuple conquis par les Français. Ce qui n'est pas la même chose. » (*L'Action tunisienne*, décembre 1937.) Dans cette perspective, un peuple assujetti lutte pour son indépendance. Une telle acquisition consacre le droit à la libre disposition de lui-même, il constitue précisément l'objectif ultime du combat à livrer. Le nationalisme ne peut se justifier qu'avec la volonté de conquête de la souveraineté.

Toute prise de conscience nationaliste est aussi, et obligatoirement, prise de conscience des valeurs léguées par l'histoire. C'est à partir de la revendication à l'autonomie d'une culture héritée d'un long et « glorieux » passé, à partir de titres transmis par l'histoire que le mouvement s'efforce de légitimer la revendication de l'indépendance nationale. Dans ce sens, l'arabo-islamisme apparaît comme un retour aux sources : « Ce peuple musulman algérien a un passé historique glorieux, une religion et une langue tout à fait différentes de celles de la France, et il n'y a pas de raisons apparentes pour qu'il puisse renier toutes ces choses. » (*L'Action tunisienne*, 26 février 1938) Le besoin de réappropriation du sol, de la religion, du passé indique le refus de l'assimilation.

À la veille de la Seconde Guerre mondiale, le PPA poursuit sa progression avec son programme dans lequel il présente sa solution : « Trois mots d'ordre : suffrage universel, parlement algérien, émancipation. » Le Congrès musulman se disloque, après le rejet par le Sénat du projet Blum-Viollette en 1938. Benjelloul et Ferhat Abbas créent un nouveau parti réformiste « franco-musulman-algérien », l'Union populaire algérienne. Le 14 avril 1939, le candidat du PPA réussit à battre tous les autres candidats dans une élection à Alger. Le PPA reste fidèle au principe établi en 1926 avec les revendications de l'abrogation du Code de l'indigénat, de l'octroi des libertés démocratiques, de l'indépendance, par le canal de la Constituante souveraine. Lorsque éclate la guerre, *El Ouma*, le journal du PPA, est interdit, les dirigeants du PPA sont arrêtés.

En se dressant contre ce qui semblait déjà très audacieux pour l'époque de l'entre-deux-guerres, les nationalistes algériens expriment qu'il n'est plus possible de vivre comme avant, de penser comme avant, d'être comme avant dans les domaines touchant aux savoir, travail, productions culturelles, idées morales, conceptions politiques... Ils refusent l'assimilation et la valorisation de la seule culture française. Leur problématique s'inscrit dans une histoire déjà faite et une histoire à faire. Bref, tous les ingrédients qui entrent dans la composition du nationalisme algérien « moderne » sont déjà là.

VII / La Seconde Guerre mondiale

L'épisode vichyssois

Pendant la guerre de 1939-1940, l'armée des pieds-noirs et des musulmans d'Algérie est surtout employée à organiser la défense de la ligne Mareth, dans le Sud tunisien, contre une attaque éventuelle venant de l'est. Elle est aussi présente en France par ses divisions de marche qui se battent dans le Nord, en mai 1940, en subissant des pertes considérables. L'Algérie apprend avec stupeur l'incroyable désastre militaire de mai 1940. C'est avec angoisse que la population européenne attend les conditions de l'armistice. Le 25 juin, elle découvre avec soulagement que l'intégrité de l'Empire colonial est maintenue, et, dans sa majorité, elle semble se rallier au régime du maréchal Pétain. Le ton de cette « Révolution nationale » la séduit, par cette espèce de retour aux sources des débuts de la conquête du pays. Vichy abroge la législation sociale et celle du syndicalisme pour les Algériens musulmans. Le 7 octobre 1940, le lendemain de l'adoption du « statut des Juifs » légalisant l'antisémitisme vichyssois, le ministre de l'Intérieur Peyrouton — ancien secrétaire général du gouvernement général à Alger — abolit le décret Crémieux de naturalisation des Juifs algériens. Le 11, il retire aux Juifs indigènes le droit de se faire naturaliser. Pour les historiens M. Marrus et R. Paxton, « c'est Vichy qui subissait les pressions d'Alger, et non l'inverse » [46]. Alger fait du zèle. Le 19 décembre, il ne reste plus un Juif dans l'enseignement public, et en 1941 un *numerus clausus* extrêmement sévère est imposé aux avocats et médecins juifs (pas plus de 2 %) et aux étudiants.

Vichy sollicite le leader nationaliste algérien Messali Hadj pour collaborer avec son régime. Ce dernier refuse et il est condamné, le 17 mars 1941, « pour manifestation contre la souveraineté française et atteinte à la sécurité de l'État, à seize ans de travaux forcés, vingt ans d'interdiction de séjour, à la dégradation civique, à la confiscation de ses biens présents et à venir » [47].

Cependant, la Seconde Guerre mondiale fait apparaître au grand jour un débat qui traversait en fait le PPA depuis sa création : faut-il avoir recours à une puissance étrangère, en l'occurrence l'Allemagne, pour arracher l'indépendance de l'Algérie contre une France de surcroît vaincue ? Le débat, très vif, oppose partisans et adversaires de l'utilisation des contradictions existantes entre « puissances impérialistes ». Si la plupart des dirigeants refusent les offres de collaboration, il s'en trouve néanmoins quelques-uns pour accepter les nouvelles donnes de la situation. Des Algériens vont ainsi s'enrôler dans l'armée allemande.

La masse des militants en France utilise quant à elle diverses « couvertures » légales pour maintenir en état une organisation fragilisée par ses débats internes et la dispersion de ses principaux dirigeants. L'Union nationale des travailleurs algériens en France (UNTA) voit ainsi le jour en février 1942 et a le mérite, sous l'impulsion, entre autres, d'Amar Khider, de défendre dans des conditions extrêmement difficiles les conditions de vie et de travail des immigrés algériens.

En ce qui concerne la situation en Algérie même, Vichy ne fit pas preuve de plus d'initiative que la IIIe République finissante. Pourtant, le directeur des Affaires musulmanes, Augustin Berque, jugeait que « l'inaction administrative serait un désastre ». La situation économique de plus en plus médiocre, l'évolution rapide des esprits — Weygand juge en juin 1941 la « population musulmane indisciplinée, impolie, parfois insolente » —, la marche même des événements précipitent la maturation d'une situation révolutionnaire.

De Gaulle et l'Algérie

Le 8 novembre 1942, une escadre américaine débarque à Alger un important corps expéditionnaire, ainsi qu'à Casablanca et Oran, où se manifeste une opposition militaire certaine. Une poignée de résistants pieds-noirs ont préparé ce débarquement. C'est la première grande défaite de l'armée coloniale française depuis 1830 en Algérie. Intervenant après celles de juin 1940, de Syrie (1941), d'Indochine, les défaites de novembre 1942 ouvrent la crise de l'empire français. Un accord provisoire est d'abord signé entre le général américain Clark et l'amiral Darlan, alors présent à Alger. Le général Giraud prend le commandement en chef des troupes puis, après l'assassinat de Darlan le 24 décembre, reçoit le commandement civil et militaire. Les accords d'Anfa du 24 janvier 1943, entre Roosevelt, Churchill et Giraud, précisent les relations de la France et des Alliés.

Les mesures rétrogrades prises par Vichy sont annulées. En particulier, le décret Crémieux pour les Juifs d'Algérie est remis en vigueur le 26 octobre 1943, après trois ans d'antisémitisme officiel. À nouveau, la population européenne bascule, fait la fête autour des « libérateurs » américains qui ont apporté avec eux nourriture, vêtements et... musique de jazz.

Dès 1942, le million de Français européens d'Afrique du Nord fournit aux armées vingt-sept classes d'âge entre 19 et 45 ans, plus les engagés volontaires, soit 16,35 % des Français de souche ; de même, 15,8 % des musulmans sont enrôlés, dont la plupart n'ont pas la qualité de citoyens. Des femmes « pieds-noirs », au nombre de 2 200, sont présentes dans les unités des auxiliaires féminines des armées ; plusieurs seront blessées et décorées au feu. Ces pieds-noirs seront rejoints par un grand nombre de jeunes évadés de France par l'Espagne. Lors de la campagne d'Italie, en huit mois de combats, sur les 120 000 combattants du corps expéditionnaire commandé par le général Juin — lui-même né à Constantine —, 389 officiers, 974 sous-officiers, 5 888 hommes de troupe sont tués ; 4 201 sont portés disparus ou sont faits prisonniers, et on dénombre près de 30 000 blessés. Le 15 août 1944, des navires battant pavillon américain emportent, pour le débarquement en Provence, les divisions de l'armée pied-noir et Algériens musulmans, dont beaucoup n'ont jamais connu cette terre française.

Parallèlement, à partir de 1943, la bataille politique fait rage à Alger : le général de Gaulle y arrive le 30 mai 1943 ; et en novembre de la même année, il constitue le Comité français de libération nationale (CFLN), véritable gouvernement provisoire de la France non occupée avec un ministère (installé au lycée Fromentin), et une Assemblée consultative nommée, qui regagnera Paris après la libération de la capitale en août 1944.

Lors de l'écroulement de la IIIe République, les « proconsuls » de l'empire s'étaient rangés (et y restèrent tant qu'ils eurent le choix) derrière Pétain. L'appareil d'État, les gros colons pratiquaient depuis longtemps la politique et les méthodes que Vichy avait introduites dans la métropole. En s'installant à Alger (après un dédale d'intrigues, de marchandages et de complots de toutes sortes entre gouverneurs et chefs militaires), le premier souci de De Gaulle fut de consolider le « prestige français partout dans le monde où flottent nos trois couleurs ». Une Commission des réformes musulmanes est réunie et prépare des réformes que le général de Gaulle annonce dans son discours de Constantine le 12 décembre 1943 [2]. Le président du CFLN annonce l'attribution de la citoyenneté française à plusieurs dizaines de milliers de musulmans qui conserveraient leur statut personnel. Passant outre l'opposition de certains Français d'Algérie qui dénoncent sa « politique d'abandon », de Gaulle signe une ordonnance, le 7 mars 1944, qui ouvre aux musulmans l'accès à tous les emplois civils et militaires, élargit leur représentation dans les assemblées locales du tiers aux deux cinquièmes, abolit les mesures d'exception. Mais n'est-il pas déjà trop tard ?

À l'initiative de Ferhat Abbas (« déçu » par le régime de Pétain auquel il s'était adressé), des notables algériens établissent le 26 mai 1943 un *Manifeste* demandant un nouveau statut pour l'Algérie. Lors de son transfert à Sétif (il était au bagne de Lambeze dans le Sud), Messali Hadj rencontre Ferhat Abbas et lui propose un additif qui sera adopté, le 10 juin 1943 : « À la fin des hostilités, l'Algérie sera érigée en État algérien doté d'une Constitution propre qui sera élaborée par une Assemblée algérienne constituante élue au suffrage universel par tous les habitants de l'Algérie. »

L'additif de Messali Hadj est rejeté par le gouvernement de Gaulle d'Alger. À cette occasion, Messali Hadj affirme à Ferhat Abbas : « Je ne fais pas du tout confiance à la France. La France ne te donnera rien. Elle ne cédera qu'à la force et ne donnera que ce qu'on lui arrachera. » [25] Le 14 mars 1944, naissent les Amis du manifeste de la liberté. (AML). Le PPA décide de soutenir l'Association. Le 2 avril 1945, lors de la conférence centrale des AML, la tendance PPA l'emporte largement. Dans la résolution générale, il n'est plus question de « République autonome fédérée à la République française », mais de la création d'un « Parlement et d'un gouvernement algériens ». À une énorme majorité, le congrès se prononce contre l'indépendance « sous l'égide de la France et dans le cadre du fédéralisme français », et « décide de réserver au futur État algérien la faculté de s'intégrer au système qui lui plairait ».

La progression de l'Association est foudroyante sur le sol algérien : 257 sections locales et près de 100 000 adhérents ou sympathisants. Le 23 avril 1945, les autorités coloniales décident la déportation de Messali Hadj à Brazzaville.

« Inutile d'insister longuement sur un état d'esprit navrant et bien connu. Alors que la fraternité régnait sur les champs de bataille de l'Europe, en Algérie le fossé se creusait de plus en plus entre les deux communautés. Déjà les provocations fusent. Les indigènes menacent les Français. Beaucoup n'osent plus se promener avec des Européens. Les pierres volent, les injures pleuvent. Les Européens répliquent par des termes de mépris. "Sale race" résonnait trop fréquemment. Les indigènes n'étaient pas toujours traités, quel que fût leur rang, avec le minimum d'égards. Ils sont l'objet de moqueries, de vexations.

« Trois faits nous ont été racontés, prouvant l'état d'esprit de la population musulmane. Un instituteur de la région de Bougie donne à ses élèves un modèle d'écriture : "Je suis français, la France est ma patrie." Les enfants musulmans écrivent : "Je suis algérien, l'Algérie est ma patrie."

« Un autre instituteur fait un cours sur l'Empire romain. Il parle des esclaves. "Comme nous", crie un gosse.

« À Bône enfin, une partie de football opposant une équipe entièrement européenne à un "onze" musulman doit être arrêtée par crainte d'émeute...

« La multiplicité des renseignements qui nous sont parvenus permet d'affirmer que les démonstrations de cet état d'esprit couvraient *tout le territoire algérien.*

« Actuellement, la presque totalité de la jeunesse des facultés est acquise aux idées nationales ou, au moins, autonomistes... Les musulmans ayant séjourné en métropole comme soldats ou travailleurs ont porté leur attention sur des faits sociaux qui passaient inaperçus aux yeux de leurs parents. Ils font des comparaisons entre leur situation et celle des Européens, qu'ils jugent privilégiés. En outre, ils acceptent difficilement que des Espagnols, des Maltais, des Italiens qui, souvent non naturalisés, ne sont pas appelés à défendre le pays où ils vivent, jouissent d'une position sociale supérieure à la leur. Enfin, ils jalousent les colons propriétaires de grands domaines. Un seul colon règne en maître sur des milliers d'hectares et ils comparent sa richesse à leur misère. »

Rapport du général Tubert,
après les massacres de mai 1945
(extraits).

Mai 1945 : la fracture

C'est dans ce contexte de radicalisation politique qu'une grave crise économique accentuée par une mauvaise récolte touche l'Algérie et provoque la famine dans les campagnes. On voit alors affluer vers les villes des milliers de paysans affamés, qui, faute de travail et de moyens, se raccrochent aux soupes populaires. Le 8 mai 1945, jour de la signature de l'armistice, dans la plupart des villes d'Algérie, des cortèges d'Algériens musulmans défilent avec des banderoles portant comme mot d'ordre : « À bas le fascisme et le colonialisme. » À Sétif, la police tire sur les manifestants algériens. Ces derniers ripostent en s'attaquant aux policiers et aux Européens. C'est le début d'un soulèvement spontané, appuyé par les militants du PPA du Constantinois. Dans les campagnes, des paysans se soulèvent à La Fayette, Chevreuil, Kherrata, Oued Marsa... On relève 103 tués et 110 blessés parmi les Européens. Le 10 mai, les autorités organisent une véritable « guerre de représailles », selon l'expression de l'historien algérien Mahfoud Kaddache, qui tourne au massacre. Fusillades, ratissages, exécutions sommaires parmi les populations civiles se poursuivent durant plusieurs jours sous la direction du général Duval. Les villages sont bombardés par l'aviation et la marine qui tirent sur la côte. Le général français Tubert parle de 15 000 tués dans les populations musulmanes [15]. Les nationalistes algériens avanceront le chiffre de 45 000 morts. Le Parti communiste algérien et le PCF condamnent le soulèvement, en des termes très hostiles aux nationalistes algériens [40].

En Algérie, rien ne sera plus comme avant le 8 mai 1945. Le fossé s'est considérablement élargi entre la masse des Algériens musulmans et la minorité européenne. Les plébéiens des villes (sous-prolétaires, chômeurs), le prolétariat et la paysannerie algérienne ont fait l'expérience de la puissance des actions collectives. Une nouvelle génération du PPA entre en scène, qui en viendra à faire de la lutte armée un principe absolu.

Neuf ans plus tard débutera la guerre d'Algérie.

VIII / La société « pied-noir » : le temps de l'inconscience

Des citadins

Contrairement à une légende tenace, qui les voit dans la campagne surveillant de près leurs grands domaines, les « pieds-noirs » habitent surtout dans les villes ou les gros bourgs algériens. Quelques chiffres permettent de mesurer l'ampleur de ce phénomène, quelques proportions indiquent la place que l'espace urbain joue dans l'économie ou la démographie. En 1872, 60 % des Européens étaient (déjà) des citadins ; cette proportion passe à 63,6 % en 1886, 65,4 % en 1906, 71,4 % en 1926. Après la Seconde Guerre mondiale, Alger et Oran avec leurs banlieues, Constantine et Bône représentent à elles seules plus de la moitié de la population européenne.

Ces villes profitent grandement de l'afflux des immigrants de toutes sortes, Français, Espagnols, Italiens venus comme ouvriers, artisans, petits commerçants, pêcheurs, et deviennent les lieux du véritable « *melting pot* algérien ». Les dizaines de villages de colonisation des débuts de la conquête française vont se transformer, progressivement, en gros bourgs ou villes moyennes. Sur la terre d'Algérie vont apparaître de surprenants paysages urbains, évoquant ceux du sud de la France. D'une région d'Algérie à l'autre, on passe des murs blanchis à la chaux aux tuiles déteintes par le soleil. Tous ces lieux s'ordonnent autour des mêmes principes, comme c'est le cas par exemple dans la Mitidja avec Boufarik, Arba, El Affroun ou Marengo : place centrale agrémentée parfois d'un kiosque à musique et plantée d'arbres ; avenues principales, ombragées, avec de nombreux commerces ; rues tracées au cordeau bien entretenues... Sur la place centrale sont édifiés des symboles de la colonisation : la mairie, l'église, l'école laïque. L'agitation parfois brouillonne des habitants atténue le caractère conventionnel de cet urbanisme, mais en toutes choses, c'est la province française que l'on veut imiter.

Les centres de colonisation vont se transformer profondément, notamment après la Première Guerre mondiale. Les Algériens musulmans, travailleurs permanents dans les exploitations coloniales, s'y installent de plus en plus nombreux. De nouveaux quartiers périphériques, souvent misérables, vont se juxtaposer à la trame initiale du village et former la ville. Tout un monde du travail se mélange donc dans les villes et forme l'essentiel des quelque 1 050 000 Européens présents en Algérie en 1954. Le gros des effectifs de cette communauté européenne urbaine se compose de fonctionnaires, d'hommes de loi, de négociants, de commerçants, d'entrepreneurs, d'artisans. Sur 355 000 personnes actives, il y a 190 000 petits salariés, dont 90 000 ouvriers d'industrie et 92 000 fonctionnaires. On compte aussi 56 000 cadres moyens ou supérieurs, 60 000 commerçants, artisans ou membres de professions libérales. Nombre de retraités civils ou militaires viennent également vivre leurs vieux jours sous le soleil d'Algérie. Comme on le voit, cette société algérienne ne constitue nullement une réduction, un microcosme de la société française. Mais est-elle, pour autant, une société privilégiée ?

À peine 3 % des Français d'Algérie disposent d'un niveau de vie supérieur au niveau moyen de la métropole ; 25 % ont un revenu sensiblement égal ; 72 % ont un revenu inférieur de 15 % à 20 %, alors même que le coût de la vie en Algérie n'est pas inférieur à celui de la France. La raison de cette disparité de revenus tient à la nature des rapports économiques établis entre la France et sa principale colonie, l'Algérie. Dans le cadre des principes du « pacte colonial », l'Algérie doit se contenter d'être une source de matières premières, et un simple débouché pour les produits manufacturés de la métropole.

Il serait donc erroné de considérer les pieds-noirs comme un « peuple » homogène. Très souvent, par leur situation sociale, ils se heurtent à une classe dirigeante constituée de gros propriétaires fonciers (Borgeaud, Germain), ou de gros capitalistes (Blachette, Tiné...). Mais en dépit de ces oppositions, ils sont unanimes à défendre leurs privilèges qui rendent le plus petit fonctionnaire français supérieur à n'importe quel Arabe. Leur unité est due à une peur commune de la majorité musulmane.

À la campagne

Par sa composition rurale, la société algérienne européenne diffère également de la société française : il y a seulement 32 000 ruraux, soit 9 % de la population active européenne. Les écarts sociaux sont considérables. On connaît l'existence de ces énormes domaines de millions d'hectares exploités de manière industrielle : 33 % des propriétaires — 6 400 personnes — possèdent des exploitations de plus de 100 hectares. Parmi les grandes propriétés individuelles européennes, rappelons les noms de Borgeaud, Blachette, Gratien Faure (8 000 à 10 000 hectares aux environs de Constantine). Pour les grandes propriétés appartenant à des sociétés, citons la Compagnie algérienne, avec ses 100 000 hectares dont 66 000 hectares de riches plaines céréalières ; la Compagnie genevoise, 15 000 hectares des meilleures terres de la région de Sétif ; la Trappe de Staoueli, 1 300 hectares ; les Fermes françaises de Tunisie, plus de 6 300 hectares en Algérie... Toutes ces concentrations favorisent d'ailleurs le développement des productions spéculatives, essentiellement le vignoble et les primeurs.

À côté de ces immenses domaines, existent des petits propriétaires industrieux, quelquefois à la limite de la pauvreté : ils disposent de 12 % du reste des terres. Privilégiés de toute façon par rapport aux fellahs algériens, ils ne le sont pas par rapport aux Français de France. Si, dans les villes, 1,7 % seulement des Européens parlent l'arabe en 1950, il n'en est pas de même dans les campagnes. Là, ce qui prévaut, ce sont les rapports d'individu à individu, et le colon parle l'arabe, paie de sa personne dans les travaux des champs. On aurait tort de ne voir là qu'une démarche paternaliste. Comment comprendre sinon les formes d'amitié et de complicité qui ont pu se nouer, parfois, avec les voisins musulmans ? Reste que la réalité des rapports d'homme à homme ne signifie pas celle de rapports égalitaires de communauté à communauté. Malgré une coexistence quotidienne, les deux univers restent fondamentalement étrangers l'un à l'autre, y compris à la campagne, où les Algériens musulmans forment la masse du prolétariat agricole.

« Pieds-noirs » : le temps de l'inconscience

Du printemps à l'automne, la société pied-noir, toutes couches sociales confondues, vit en fonction de la mer, de sa fréquentation. À Alger, on va à la Madrague, aux Deux-Moulins, à

Pointe-Pescade, à Sidi-Ferruch, ou pour ceux de Bab el-Oued, au Pado. Les Constantinois, en train ou en voiture, se rendent à Philippeville, se baigner sur la plage de Stora...

La mer est plus qu'un passe-temps, c'est un véritable culte dont « le temple est la plage » (Pierre Bourdieu). Là se montre la générosité, s'exerce la sensualité, s'exhibent la force et la beauté physique. Écoutons Camus : « Il me faut être nu et plonger dans la mer, encore tout parfumé des essences de la terre, laver celle-ci dans celle-là et nouer sur ma peau l'étreinte pour laquelle soupirent lèvre à lèvre depuis si longtemps la terre et la mer. » « J'ai crié Putain à la mer qui est ma passion », clame Audisio. Et le soleil, la mer, le sel de la mer qui sèche sur la peau, la sensualité exacerbée des éléments qui sont, comme l'explique Daniel Leconte, « la juste compensation des tabous sociaux, héritage puritain des coutumes latines » [33].

L'été, c'est bien sûr le moment de la plage, les grandes siestes après l'intense chaleur de la matinée, le plaisir de l'anisette et de la *kémia* lorsque le soleil commence à décliner. L'automne, à la campagne, c'est le temps des récoltes et des joies de la chasse. Les pieds-noirs se promènent, se divertissent, se reposent dans des espaces géographiques qui leur sont proches, familiers, le plus souvent ceux de la région où ils sont nés, où ils travaillent. Car, pour la plupart, ils ne connaissent pas le reste de l'Algérie. Quand ils le peuvent, ils pratiquent le tourisme en direction de la métropole. Peu d'entre eux se sont lancés à la découverte de l'immensité saharienne. Leur préférence va à la « mer bleue », pas à la « mer jaune ».

À la tombée de la nuit, la population européenne des villes retrouve la tradition espagnole du *paseo*, de la promenade. Les hommes vont au café. Dans cet endroit, il n'y a pas de femmes seules, elles sont toujours accompagnées. Cafés aux couleurs criardes et décorés de fresques, portraits qui racontent souvent des exploits sportifs en tout genre. Cafés, lieux de la parole, centres d'un tissu de relations sociales. On s'y attable longuement pour discuter des événements de la journée, de la politique, se raconter le passé. Ou simplement pour regarder passer les jolies filles. À l'intérieur, dans l'arrière-salle, les joueurs font d'interminables parties de dés, de cartes, de dames, dans la fumée des cigarettes « Bastos »...

Les pieds-noirs ont adopté, d'enthousiasme, les plats et les recettes des musulmans. Le méchoui d'abord, mouton rôti à la broche, occasion pour des retrouvailles, longues discussions. La pratique du méchoui se propage rapidement chez les Européens civils et militaires. Le couscous accompagne le méchoui. De la semoule de blé dur, cuite à la vapeur, servie avec de la viande de poulet et de mouton. Et pour l'arroser, un bon vin de Mascara, de Médéa ou de Miliana. À Oran, le plat des jours de fêtes est soit le *gaspatcho*, l'épais et succulent ragoût de porc, de gibier ou de volaille, servi sur une immense fougasse ; soit le riz à l'espagnole, sorte de *paella*. Au dessert, apparaît la *mana*, pâtisserie briochée surmontée d'œufs. À Noël, le réveillon se termine par la consommation des *tablos*, gros beignets en serpentin. À Alger, on mange la *frita*, grand plat de poissons et de tomates coupés en deux, frits à la poêle dans l'huile d'olive de préférence. On peut y ajouter des œufs cassés, au moment de servir. Et avant de manger, la *kémia*, faire-valoir de l'anisette : olives vertes, poivrons, anchois, sardines, fenouil... Il ne faut pas oublier aussi les fêtes de Pessah (Pâques) chez les Juifs, avec le pain azyme ; les fêtes et les repas à la suite du jeûne du Ramadan chez les musulmans. Et chez les uns comme chez les autres, on déguste les innombrables pâtisseries au miel et aux amandes...

Le sport est aussi un moyen privilégié de distraction. Le football est le sport-roi pour toutes les communautés. On y joue dans la rue, transformée en mini-terrain par les garçons à la sortie de l'école. Au grand désespoir des commerçants soucieux de leurs vitrines et des parents anxieux pour les études de leur progéniture. À 12-14 ans, on entre dans les clubs locaux dont on deviendra, à partir de 30 ans, un supporter fanatique. Dans les stades, se mêlent les cris, les clameurs, les disputes à l'égard de l'arbitre, toujours seul responsable de la défaite du club aimé... Mais derrière les joutes footballistiques innocentes se profilent d'autres enjeux, plus sérieux. À partir de 1936, des équipes homogènes se constituent : d'un côté, les équipes européennes, de l'autre, les équipes d'Algériens musulmans, avec leurs maillots vert et blanc. Le football, c'est aussi la fin d'une harmonie provisoire. Les deux communautés se côtoient dans les cafés et les stades. Mais il y a échange et rarement mélange.

Les intellectuels pieds-noirs

Jusqu'à la fin du XIXe siècle, temps de la conquête et de l'installation dans la sueur et le sang, l'Algérie coloniale n'a pas d'écrivains à elle. Elle inspire en revanche de multiples voyageurs qui la parcourent comme Théophile Gautier *(Loin de Paris)*, Gustave Flaubert *(Notes de voyages)*, Guy de Maupassant *(Au soleil)*, Pierre Loti *(Trois*

Dames de la Casbah)... Le tournant s'opère en 1898 avec Louis Bertrand, le futur académicien, et le journaliste « Musette » : tous deux composent l'épopée de la plèbe méditerranéenne d'Alger. Et apparaît « Cagayous » avec ses gestes parfois orduriers, son langage étonnant, amalgame d'espagnol, d'italien, de maltais, d'arabe.

Dans les années 1920, Robert Randau prend la tête d'un mouvement qui vise à la reconnaissance d'une littérature spécifiquement algérienne. Avec Albert Truphémus, Paul Achard, Charles Courtin, Edmond Brua et d'autres, il se proclame « algérianiste ». Dans leur manifeste, rédigé en 1920, on trouve cette phrase : « Nous désirons engager notre autonomie esthétique. » Le poète Jean Pomier, Toulousain d'origine mais Algérien d'élection, parle de francitanie « pour désigner, dit-il, le résultat futur de l'approche d'une France et des Maurétanies ». Par l'émergence de cette « école » qui dure une quinzaine d'années (1920-1935), y a-t-il création d'une littérature algérienne ? L'écrivain Gabriel Audisio estime en 1948 : « Des écrivains algériens, oui ; une littérature algérienne, non. » Et citant Pierre Martino, doyen de la faculté des lettres d'Alger, il souligne que le centre de la littérature algérienne se trouve à Paris. Mais dans ce texte, le même Audisio nous donne à voir une figure étrange, un autre aspect de la littérature algérienne portée par une jeune femme, Isabelle Eberhardt, « Slave islamisée, fille habillée en garçon [...], orgueilleuse et misérable, Isabelle ou Si Mahmoud, espionne ou insurgée, folle ou héroïque... » [19].

À partir de 1936, les écrivains nouveaux, poètes et prosateurs, constituent sans le dire « une véritable école d'Alger ». Avec Albert Camus, Max-Pol Fouchet, Blanche Balain, Jean et Marguerite Amrouche, René-Jean Clot. « À travers eux, écrit Audisio, les traits d'une culture commencent à se dessiner. » D'Alger même se mettent à rayonner des revues comme *Fontaine*, *L'Arche*, *La Nef*, et des maisons d'édition comme celle d'Edmond Charlot. Puis viendront Jules Roy, Emmanuel Roblès. Mais c'est Paris, toujours, qui consacre, qui impose. Sa renommée, Albert Camus la tient de là, avec ses pièces et ses romans. Atlan, le peintre né à Constantine, également.

Après la Seconde Guerre mondiale, s'ouvre un nouveau chapitre où apparaissent les écrivains algériens de langue française : Mouloud Mammeri, Mohamed Dib, Kateb Yacine, Mouloud Feraoun... Et l'écrivain Albert Memmi de noter : « Ces nouveaux auteurs sont aux prises avec leur pays comme avec l'essentiel d'eux-mêmes. Autochtones, appartenant à ces populations qui n'ont pas d'autre pôle d'attraction, ils en partagent le drame. »

« La civilisation occidentale, sous les auspices de la culture française, ne recouvre ce pays que depuis un siècle : il en a fallu deux à la langue latine pour produire Apulée, son premier grand écrivain d'Afrique. Nous ne devons donc point nous étonner outre mesure, encore moins nous alarmer. Sans vouloir pousser à l'extrême le cas de Jean Amrouche, déjà cité, le poète de *Cendres*, d'*Etoile secrète* et des *Chants berbères de Kabylie* paraît un bon présage de ce que l'avenir nous réserve : l'espoir que la naissance d'une culture africaine, fondée sur la compréhension mutuelle des races, n'est pas une vue chimérique de l'esprit.

« Quant aux formes que prendra cet avenir littéraire de l'Algérie, il va sans dire que je me garderai bien de m'en faire le prophète. Mais je le tiens pour assuré parce qu'il n'est déjà plus fondé sur un esprit de clocher, ou de minaret. Le temps de l'Algérie aux Algériens est révolu. Il faut tout attendre du libre-échangisme dans les commerces de l'esprit. Nous manquons encore du recul nécessaire pour dire si l'Algérie française a déjà donné à la littérature universelle des livres et des auteurs dignes d'être placés au rang des saint Augustin et des Ibn Khaldoun que l'espace algérien a vus l'illustrer autrefois. Mais il suffit qu'après un peu plus de cent ans de présence sur ce sol la culture française ait su y animer une vitalité littéraire aussi nourrie que celle dont nous venons de brosser la mouvante peinture, pour qu'on soit sûr qu'elle passera ses promesses et que l'histoire prochaine de notre littérature y trouvera quelques-uns de ses noms mémorables. »

Gabriel Audisio, *Encyclopédie coloniale*, 1947.

Un nationalisme français exacerbé

La France, pays aimé, pays mythique. Les soldats l'ont découverte au moment d'aller combattre sur son sol, dans les deux guerres. Rares sont les pieds-noirs qui peuvent se payer en période de vacances le bateau pour Marseille et, plus tard, l'avion pour Paris. Ceux qui en ont les moyens vont surtout à Vichy, sur la Côte d'Azur, ou rendent visite à des membres de leur famille. La plupart connaissent en fait l'existence de la France à travers les leçons apprises par cœur, leçons d'histoire, de géographie : les vertes prairies et les longs fleuves, les vallées ombragées et les villes industrielles... La récitation des « ancêtres blonds les Gaulois » dans un pays composé de Méditerranéens, où la terre est calcinée et l'herbe rare, ne choque pas. « L'Algérie est devenue le seul de nos territoires d'outre-mer où l'on ait vraiment réussi à faire de la France », écrit Gabriel Audisio.

Car la France est rêvée, chantée et parée des couleurs de *La Marseillaise*, des nombreux défilés du 14 juillet ou du 11 novembre. Mais, alors que l'on n'a jamais reculé devant le sacrifice suprême — le sang versé dans les deux guerres mondiales en porte témoignage —, la métropole se montre

« ingrate ». En dressant des barrières économiques, en regardant avec mépris ses fils et ses filles étranges parlant haut et fort, gesticulant avec exubérance... Pour se faire aimer, se faire comprendre de la mère trop lointaine, les pieds-noirs n'auront de cesse de pratiquer une surenchère nationaliste. Au risque d'une coupure de plus en plus grande avec les Algériens musulmans.

IX / L'Algérie en 1954 : situation économique et sociale

« Société castée » dans l'espace urbain

Les villes du littoral, les ports comme Alger, Bône ou Oran, rassemblent plus de 13 % de la population totale des territoires du nord de l'Algérie en 1950. Points d'attache des relations avec l'outre-mer, ces villes groupent les agents et les institutions du commerce extérieur, et sont l'un des nœuds vitaux de la circulation économique.

À l'intérieur du pays, les villes fonctionnent essentiellement comme relais des grands marchés agricoles. Ce qui est le cas, par exemple, de Constantine, Sidi-Bel-Abbès, Sétif, Mascara... Leur développement connaît des fluctuations en rapport avec celles de la culture et des cours du marché. Parmi ces lieux d'échanges, certains se sont créés aux points de contact de régions d'aptitudes différentes entre le Tell, producteur de céréales et de fruits, et les steppes, domaines de l'élevage : c'est le cas de Tiaret, de Saïda... D'autres villes, qui ont dû à des raisons d'ordre militaire leur rôle au temps de la conquête, se sont trouvées depuis à l'écart des courants de circulation, ont végété ou ont découvert une fonction nouvelle : Orléansville (Chlef), Miliana, Médéa, Aumale (aujourd'hui Sour el-Ghoslane), par exemple. Il existe ainsi toute une série de villes étonnantes par leurs contrastes, leur statut semi-rural semi-citadin, écartelées à l'évidence entre des ambitions de villes moyennes et des avatars de gros bourgs.

Dans les villes, la proportion d'ouvriers est nettement plus faible qu'en France. Les industries de transformation souffrent de l'absence de main-d'œuvre qualifiée et surtout de la concurrence du marché européen trop voisin et trop bien équipé. L'Algérie ne dispose que d'industries liées à l'agriculture et à l'équipement du pays : chimie (soufre et superphosphates) ;

construction mécanique ; agro-alimentaire (minoteries, fabriques de pâtes alimentaires, distilleries, manufactures de tabac, conserveries) ; enfin, des industries du bâtiment favorisées par le développement des villes. Les industries indigènes du bois, du métal, de la poterie, qui souffrent de la concurrence européenne, déclinent.

Le « plan d'industrialisation », qui voit le jour le 15 octobre 1946, est suivi de mesures prévoyant l'implantation de nouvelles industries. La légère amélioration réalisée par rapport à l'avant-guerre ne peut cependant cacher la situation réelle de l'industrie algérienne : la faiblesse des industries de base et des industries de transformation (représentant à peine 10 % du revenu national), et une production inférieure aux capacités réelles du pays.

En règle générale, l'analyse de la croissance urbaine est associée à celle du processus d'industrialisation ; cette vision est héritée du XIXe siècle européen où l'industrialisation s'est accompagnée d'une forte croissance urbaine. Ce n'est pas le cas de l'Algérie coloniale, où la croissance urbaine trouve essentiellement son origine dans la destruction du monde paysan. Cette situation particulière se traduit dans l'organisation de la ville, où les mécanismes d'exclusion jouent plus que ceux d'intégration par la constitution d'une « société castée » : « Les stratégies de l'époque coloniale se sont inscrites entre deux extrêmes : la ségrégation totale, la séparation entière des communautés, le refus de la ville pour les masses qui y affluent et une intégration très sélective, au compte-gouttes [...] sous-tendent la constitution d'une société urbaine "castée". » [34]

Absence d'industrialisation et mise en œuvre d'une « société castée » ont deux conséquences qui vont influencer la constitution du mouvement nationaliste en milieu urbain : la déchéance de la ville musulmane et la création des bidonvilles. Selon Jacques Chevallier, alors maire d'Alger, « en 1938, la population musulmane vivant dans les bidonvilles de l'agglomération algéroise ne dépassait pas 4 800 personnes ; il y en avait 125 000, soit vingt-cinq fois plus, en 1953-1954. Dans la seule ville d'Alger, ses faubourgs étant exclus, 120 bidonvilles, comme une lèpre grandissante sur tout terrain disponible, voyaient s'entasser quelque 80 000 musulmans dans des conditions de vie invraisemblables, alors que la Casbah, elle aussi surpeuplée, entassait dans ses 20 hectares 70 000 habitants, battant les records mondiaux de densité humaine » [12]. Dans ces « sous-villes » que sont les bidonvilles, vivent des ruraux transplantés, mais également des citadins rejetés du centre urbain par la constitution d'une société européenne. En se rejoignant, ces dépossédés de la ville et de la campagne forment dans l'espace du bidonville la population la plus marginalisée du pays, victime d'une désintégration à la fois urbaine et rurale. Dans ce processus, la ville va devenir objet de consommation et lieu d'habitat, mais rarement lieu de travail contrairement à ce que croient les ruraux. À la périphérie de la ville, s'installe un attentisme lourd d'une explosion soudaine, de plus en plus tendu en raison du taux de chômage.

La dislocation du modèle urbain s'effectue par la déchéance de la « ville musulmane » face à l'envahissement de la ville européenne. Avec une rupture dans ses formes et ses décors, la ville est passée, en une transition brutale et rapide, de la structure traditionnelle des rues et des maisons aux grands boulevards et aux immeubles modernes. Là où la sacralité des repères jalonnait les rues avec les innombrables mosquées, les nouveaux « monuments » ont pris pour nom banques, grands magasins et grands immeubles d'habitation. La ville arabe recule, se replie sur elle-même mais cela favorise les relations humaines. Le café y remplit une fonction centrale : fréquenté par ceux qui vivent dans ses alentours, il est le point de ralliement d'une corporation, ou des militants d'un même quartier. Ces relations entre les habitués deviennent étroites et intimes, si bien que l'apparition d'un inconnu suscite méfiance et soupçon. Espace stratégique où s'affirme tout le poids de l'État colonial [13], la ville est également le lieu où se concrétisent les contradictions dans l'émergence d'une conscience nationale.

Dans l'Algérie coloniale, le double processus expropriation/dépossession dans les campagnes et exploitation/marginalisation dans les villes produit une situation où le tissu urbain lui-même se trouve lacéré. La ville devient la scène permanente d'une violence latente, justifiée par l'exploitation sociale conjuguée à l'oppression nationale, et qui se manifeste de temps en temps en rapides mouvements de conflits ouverts.

Les Algériens expropriés affluent dans les villes et bidonvilles, et concurrencent les salariés européens qui sont privilégiés dans la mesure où ils touchent des salaires plus élevés et disposent de droits que n'ont pas les Algériens. L'histoire de cette discrimination (embauche à 100 % ou à 90 % pour les seuls Européens, maintien préférentiel du travail en période de crise, etc.) a été décrite en 1964 par P. Bourdieu et A. Sayad [7]. La concurrence entre travailleurs européens et l'existence d'une immense armée constituée par les expropriés algériens de la terre aggravent le conflit entre les deux communautés. Plus la concurrence est âpre et plus cet antagonisme est grand. Ainsi, en 1954, on trouve : en face de 65 120 employés de bureau et de commerce européens, 15 190 Algériens ; en face de 51 650 ouvriers professionnels européens, 49 830 Algériens ; en face de 7 200 manœuvres européens, 141 130 Algériens ; en face de 33 890 domestiques et personnels de service européens, 47 400 Algériens. On recense plus de 200 000 chômeurs, sans compter les « demi-chômeurs » des bidonvilles.

Clochardisation, le mot lancé par Germaine Tillon, dans son ouvrage *L'Algérie en 1957*, exprime la paupérisation de tous ces paysans sans terre et sans avenir. « Sans autre espoir que de récolter assez pour survivre, les plus misérables ont le choix entre ce fatalisme des désespérés qui n'a rien à voir avec l'islam et le départ forcé vers la ville ou la France », disent pour leur part A. Sayad et P. Bourdieu dans *Le Déracinement*. De plus, si 90,5 % des Européens et seulement 19 % des Algériens musulmans habitent dans les villes, ces derniers dépassent en nombre les Européens dans toutes les villes, à l'exception d'Alger où le rapport est de 43/57. Ce processus ira en s'amplifiant pendant la guerre d'indépendance de 1954 à 1960, 731 000 paysans venant dans les villes.

La variété de ces facteurs (absence d'industries, recul de la ville musulmane, « société castée », attrait du modèle urbain, développement des bidonvilles...) permet de saisir toute la complexité d'un nationalisme indépendantiste, qui s'appuie précisément sur les déshérités des bidonvilles, sur le refus de la déstructuration engendrée par le recul de la ville musulmane et des valeurs islamiques.

L'éducation et la formation

À la base du développement de la vie sociale, existe l'effort de scolarisation, de formation. Pendant la présence française, l'Algérie est une académie, administrée par un recteur et conçue sur le modèle des académies de la métropole. Avec cette différence que le recteur dispose de pouvoirs plus étendus, notamment en matière d'enseignement primaire.

L'enseignement des « indigènes » algériens date des débuts de la présence française, mais ne se développe que fort lentement. En 1870, il n'existe que dans une quarantaine d'écoles. Après 1870, les effectifs diminuent, des écoles disparaissent ; il n'en reste que 24 en 1873. Deux raisons principales expliquent cette sorte de désaffection, en dépit de l'élan qui sera donné à partir des lois de 1881 sur l'enseignement primaire. Tout d'abord, certains représentants des colons considèrent que « l'instruction des indigènes fait courir à l'Algérie un véritable péril ». Ils suggèrent, en 1894, que l'enseignement doit avoir pour but « de procurer aux colons des valets de ferme, des maçons et des cordonniers adroits ». À l'Assemblée nationale, le représentant de l'Algérie, de Boisserie, s'inquiète de ce que « les écoles indigènes forment des insurgés et des déclassés ». De l'autre côté, parmi les populations indigènes, « on se méfie du maître ». Venus pour émanciper, assimiler, les instituteurs ne comprennent pas les résistances des populations locales. « Leur pauvreté était si radicale, dit une vieille institutrice, la dissonance des genres de vie était telle qu'aucune transition, aucune communication n'était possible. » Progressivement, pourtant, l'instituteur (comme le médecin) va s'attirer la sympathie et le respect des Algériens musulmans, parce qu'il partage les mêmes conditions que les paysans, la vie difficile à la campagne [52].

En 1945, sur 1 250 000 enfants d'âge scolaire chez les Algériens musulmans, plus de 100 000 reçoivent l'instruction primaire dans 699 écoles. Chez les Européens, 200 000 enfants se rendent dans 1 400 écoles. Selon un rapport du recteur de l'époque, il y a plus d'enfants européens que d'enfants musulmans dans les écoles, pour une population sept fois plus faible. Entre 1945 et 1954, la proportion d'enfants scolarisés chez les Algériens musulmans passe de 11,5 % à 18 %. Un enfant algérien sur dix va en classe (en fait un garçon sur cinq, et une fillette sur seize). Mais dans les campagnes, la proportion n'est plus que de un sur cinquante, et parfois sur soixante-dix. Selon Germaine Tillon, la proportion d'illettrés en langue française reste de 94 % chez les hommes, et 98 % chez les femmes.

Les instituteurs de l'enseignement européen en Algérie sont nommés par le gouverneur général, et formés dans les écoles normales d'Alger-Bouzaréa (créée en 1865), Oran et Constantine ; les institutrices dans les écoles normales de Miliana, Oran et Constantine. Dans l'enseignement supérieur, l'effectif des étudiants de l'université d'Alger est de 133 en 1879, lors de la fondation des écoles supérieures ; 751 en 1910, au lendemain de la transformation des écoles en facultés ; de 937 en 1914 ; 1 592 en 1925 ; 4 000 en 1945, parmi lesquels 150 Algériens musulmans seulement [19].

La santé publique

En 1939, il y a en Algérie 1 033 médecins, et en 1954, 1 855. À cette date, on compte donc un médecin pour 5 137 habitants (contre un médecin pour 1 091 habitants en France). On compte de même un dentiste pour 19 434 habitants (contre 1 pour 3 199 en France) ; un pharmacien pour 14 553 habitants (contre 1 pour 2 454 en France). En 1954 toujours, plus de 50 % de la population totale d'Algérie bénéficie de l'assistance médicale gratuite. Avec l'effort sanitaire, la mortalité infantile diminue : de 205 pour 10 000 en 1906, elle tombe à 130 pour 10 000 en 1954 (120 en France) [3].

Dans les campagnes en particulier, les résistances et défiances à l'égard du médecin, arrivé dans le sillage de la colonisation, ont reculé. Dans la première période coloniale, en effet, jusqu'au début du XXe siècle, note Y. Turin, « il arrive qu'au moment des grandes épidémies cholériques, on ne fasse même plus appel au médecin français — en certains endroits, ces mouvements sont rarement généralisés. Néanmoins, quand naît un drame, un monde se replie sur lui-même parce que la confiance n'existe pas » [52]. En 1954, le médecin n'est plus perçu comme un simple auxiliaire de la colonisation, devant permettre de conquérir les cœurs et les esprits. Grâce à ces hommes, pleinement engagés dans leur mission humanitaire, le taux de mortalité tombe de 20 % à 11 % et la population algérienne double en cinquante ans.

Entre deux agricultures, des moyens disproportionnés

D'après le recensement de 1950-1951, 160 000 ouvriers agricoles permanents (Algériens musulmans) travaillent 250 journées par an chacun, pour un salaire annuel de 75 000 francs de l'époque. 400 000 travailleurs temporaires travaillent quatre-vingt-dix jours par an en moyenne, pour un gain annuel de 20 000 à 25 000 francs. Ces chiffres ne doivent pas faire oublier l'existence d'une bourgeoisie terrienne : 5 000 Algériens musulmans sont propriétaires de plus de 100 hectares. Mais il existe une différence de niveau entre les deux agricultures, européenne et musulmane.

Sur 532 000 exploitants musulmans, 25 000 seulement — d'après M. Lebeau, directeur de la caisse algérienne du Crédit agricole mutuel en 1954 — travaillent pour l'échange, avec des méthodes relativement « modernes ». Ils soutiennent difficilement la comparaison avec les exploitations européennes équivalentes : 14 281 exploitants européens (56 % des exploitants) emploient 120 652 salariés, et paient 20 milliards de francs de salaires ; 30 590 exploitants musulmans emploient 50 580 salariés et paient environ 4 milliards de francs de salaires.

En dehors de ces 25 000 exploitants agricoles dont les modes de culture peuvent être comparés à ceux des Européens, il reste en Algérie 550 000 exploitants musulmans pratiquant une exploitation de type traditionnel. La surface moyenne de leur exploitation est d'environ 4 hectares de terres cultivables, en général sèches, souvent à moitié arides ou situées sur des pentes dénudées. Selon le Recensement agricole 1950-1951, sur 543 310 exploitations, il existe 283 256 charrues de type local (araires de bois). Une exploitation sur deux ne possède pas d'autre instrument aratoire [3].

En 1954, le revenu individuel moyen annuel de l'agriculteur algérien musulman est évalué à 22 000 francs, contre 780 000 francs pour l'agriculteur européen. Le salaire minimal agricole est fixé depuis avril 1955 de 340 à 427 francs par jour, suivant les zones. Mais ceux qui travaillent trois cents jours par an sont des privilégiés, et les tarifs officiels ne sont pas toujours respectés, le contrôle étant peu organisé ; en revanche, il est rare que les ouvriers agricoles ne bénéficient pas d'avantages en nature. Les produits de la culture représentent, avant 1939, près de 82 % des exportations algériennes. La production céréalière moyenne est de 18 millions de quintaux. Les rendements sont très faibles : 5 quintaux à l'hectare pour le blé dur, 10 au plus pour le blé tendre. Le vignoble, création de la colonisation, s'étend avant 1939 sur près de 400 000 hectares et sa production atteint près de 21 millions et demi d'hectolitres à cette date.

L'arboriculture fruitière, avec l'olivier (100 000 hectares avec 10 millions d'arbres), les agrumes (oranges, mandarines, citrons : près de 25 000 hectares), se développe. C'est essentiellement une culture européenne dans la Mitidja, en Oranie, autour de Perrégaux, et à l'est, près de Bône et de Philippeville. Les primeurs sont cultivés dans les plaines côtières du Tell, surtout aux environs d'Alger. La colonisation a également développé des cultures industrielles comme le tabac (20 650 hectares, 200 628 quintaux en 1948), le coton dans la plaine du Cheliff, et la culture du lin ensemencé sur environ 23 000 hectares.

L'élevage, pratiqué surtout par les Algériens musulmans, se trouve refoulé dans les régions les plus pauvres, à la suite des progrès de la colonisation. Les troupeaux de bovins sont tombés de 1 113 952 têtes en 1911 à 864 000 en 1953 ; les ovins, de 8 528 610 en 1911 à 6 014 000 en 1955. Dans le même temps, l'élevage du cheval a régressé, ainsi que celui du chameau (142 000 têtes) dans le Sud. Il faut mentionner aussi, dans la production, l'alfa (4 millions d'hectares), grande richesse du Sud oranais entre Saïda et Méchria ; et les produits de la forêt, qui couvre une superficie de près de 3 millions d'hectares, fournissent surtout du liège (375 000 quintaux) [19].

Face aux multiples catégories d'agriculteurs, il faut surtout distinguer deux agricultures : l'une utilise des procédés modernes, est orientée vers l'exportation et n'apporte de ressources à la masse de la population que par les salaires qu'elle distribue ; l'autre, traditionnelle dans ses méthodes, a pour but essentiel de satisfaire la consommation familiale ; la main-d'œuvre qu'elle utilise est rémunérée en nature. L'agriculture moderne a bénéficié de travaux d'irrigation coûteux, qui se sont révélés inutiles puisqu'inutilisés : le volume de l'eau vendue et les superficies irriguées n'augmentaient pas, alors que les périmètres irrigables s'accroissaient chaque année. Cette agriculture plafonne. Ses produits sont en majorité destinés à l'exportation, et pour l'essentiel vers la France continentale.

X / La marche à la guerre

Avant novembre 1954 : l'immobilisme politique

Le général Duval, responsable de la terrible répression de 1945 dans le Constantinois, avait prévenu : « Je vous ai donné la paix pour dix ans. Mais il ne faut pas se leurrer. Tout doit changer en Algérie. » Le drame, c'est que rien ne change, ou presque.

À la fin de la Seconde Guerre mondiale, l'Algérie se présente comme un ensemble de « départements juxtaposés » dont l'unification résulte de certains organismes centraux, au premier rang desquels se trouve le gouvernement général. La Constitution de 1946 détermine, sous le nom d'« Union française », les différents territoires sur lesquels la France avait dans le passé exercé sa juridiction.

L'Algérie faisait-elle partie des départements métropolitains, comme l'affirmait la thèse de l'assimilation ? La réponse à cette question allait être donnée par le statut pour l'Algérie de 1947. Déposé par Édouard Depreux, ministre de l'Intérieur, il reprend le projet de Georges Bidault, ministre de De Gaulle, datant de septembre 1946. L'Algérie, pour le statut de 1947, « constitue un groupe de départements dotés de la personnalité civile, de l'autonomie financière et d'une organisation particulière définie par les articles ci-après de la présente loi » (article 1).

Le statut nouveau de l'Algérie du 20 septembre 1947, dans sa timidité, n'ouvre pas de grandes possibilités d'évolution. Les Algériens musulmans obtiennent la séparation du culte musulman de l'État, et des pouvoirs financiers non négligeables pour leurs représentants. Mais ce statut sauvegarde l'essentiel des intérêts européens avec l'existence de deux collèges à l'« Assemblée algérienne » nouvellement créée. La représentation dans cette assemblée se veut « paritaire » :

60 délégués du premier collège, 60 délégués du second collège. Le premier collège comprend 464 000 citoyens de statut civil français (hommes et femmes) et 58 000 musulmans ; le second rassemble environ 1 500 000 électeurs musulmans âgés de 21 ans recensés officiellement. Rappelons que la population algérienne est alors composée de 922 000 Européens et de 7 860 000 musulmans. Les élections municipales d'octobre 1947 sont un véritable triomphe pour les candidats nationalistes partisans de Messali Hadj et de l'Union algérienne de Ferhat Abbas. Jugé trop libéral, le gouverneur général Y. Chataigneau est remplacé, les élections pour l'Assemblée algérienne sont retardées. Le temps de permettre à E. Naegelen, nouveau gouverneur général, de truquer les élections. En 1948, sur 60 sièges au second collège, 41 reviennent à des candidats « administratifs », inconnus pour la plupart, 9 sont concédés au MTLD et 8 au parti de Ferhat Abbas, ce dernier étant de plus en plus amer.

Ces « bonnes élections » acculent du même coup au désespoir ou à la révolte beaucoup de nationalistes modérés. Pour de nombreux Français d'Algérie, la ruse et la force permettent le maintien du *statu quo*. Ce temps de l'inconscience se trouve conforté par les divisions internes qui secouent les nationalistes algériens.

Crises du nationalisme algérien

Après l'échec du projet Blum-Viollette prévoyant quelques réformes en Algérie au moment du Front populaire, la défaite française et l'établissement du régime de Vichy, le débarquement allié en Afrique du Nord en novembre 1942, les massacres de mai 1945 dans le Constantinois, le nationalisme algérien entre dans une phase décisive de son affirmation. Pour Ferhat Abbas, il ne s'agit plus de déplorer, de dénoncer les contradictions entre la France républicaine et ses colons. Désormais, dire « 1789 » signifie exiger la fin de la situation coloniale. Il fonde l'Union démocratique pour le manifeste algérien (UDMA), en 1946, et il est élu à l'Assemblée algérienne deux ans plus tard.

Après la guerre, la principale organisation nationaliste (le PPA) se reconstitue sous l'appellation Mouvement pour le triomphe des libertés démocratiques (MTLD). Les événements du Constantinois de 1945, qui provoquent une fracture décisive avec la communauté européenne d'Algérie, touchent toutes les couches sociales et amènent les intellectuels algériens à reformuler leurs positions d'engagement.

En France, éclipsant dans les tâches d'élaboration la génération des pionniers de l'ENA-PPA, plutôt majoritairement petits commerçants ou ouvriers, les étudiants gravissent rapidement les échelons de responsabilité. On les voit en particulier animer la rédaction du nouveau journal du MTLD, *L'Algérie libre*, et de celui de la Fédération de France du Mouvement, *L'Étoile algérienne*. Leur local, au 115 boulevard Saint-Michel, est le centre d'une vie politique intense. Ils jouent un rôle non négligeable dans la première crise sérieuse qui affecte l'organisation nationaliste, la crise dite « berbériste ».

En 1948-1949, la majorité de la direction de la Fédération de France adopte des positions défendant l'identité berbère, et critique le sens jugé trop « arabe et islamique » donné à l'orientation générale du parti. Du coup, la Fédération de France se retrouve placée au premier rang des préoccupations de la direction, qui décide l'envoi de responsables pour rétablir, « normaliser » la situation. Plusieurs dizaines de cadres de l'immigration algérienne en France sont exclus de l'organisation nationaliste. Cette crise va révéler ultérieurement d'autres enjeux, débats qui traversent l'association, et on peut évoquer à son propos deux types d'interprétation. Le premier touche au caractère centralisateur, voire jacobin, que porte en elle l'organisation nationaliste : s'efforçant de consolider l'idée nationale dans sa lutte pour l'indépendance, elle tend à gommer tous les particularismes. Le second souligne plus spécifiquement le fait que cet incident a éclaté en France, chez les cadres de l'immigration, et n'a pas du tout touché les militants d'Algérie, pas même en Kabylie, région pourtant particulièrement concernée. L'hypothèse des effets d'influence de la société française — laïcité, position des jeunes intellectuels en France en rupture avec les coutumes et traditions familiales, volonté de sortie d'un nationalisme estimé trop étroit pour l'intégration plus grande aux luttes sociales en France — peut être invoquée.

Cette première crise étouffée, une autre de plus grande ampleur va surgir et se développer. En décembre 1952, Messali Hadj, assigné à résidence à Niort, ouvre l'affrontement avec la majorité des membres du Comité central (nommés, à l'occasion, « centralistes ») en faisant de la Fédération de France son bastion. L'accusation de réformisme est proférée à leur encontre. Il les accuse de n'avoir pas protégé les militants clandestins de l'OS (Organisation spéciale), branche paramilitaire créée en

1947. La plupart d'entre eux avaient été arrêtés en 1950. Puis, le Comité central s'était opposé à une tournée de propagande de Messali Hadj en Algérie. Il reprochait à ce dernier « les actions spectaculaires, les vociférations et les manifestations verbeuses d'un nationalisme primaire » [25]. En avril 1953, au IIe congrès du PPA-MTLD, la bataille politique s'est engagée entre « messalistes » et « centralistes ». La quasi-totalité des militants immigrés algériens en France s'est ralliée au point de vue de Messali Hadj.

La manifestation du 14 juillet 1953 à Paris allait fournir l'occasion du choc qui se préparait depuis deux ans déjà. Ce jour-là, au cours d'une manifestation organisée par le MTLD, la police interrompt brutalement le défilé des manifestants portant des banderoles réclamant la libération de Messali Hadj. On relève, chez les Algériens, six morts et quarante-quatre blessés. Messali Hadj et ses partisans accusent les membres du Comité central de « mollesse » dans leurs réactions. La bataille est ouverte entre les deux tendances (« messalistes et centralistes »), et se dénoue en scission au congrès de Hornu en Belgique, tenu par les messalistes le 13 juillet 1954. La sécheresse du résumé ne laisse guère deviner la violence des déterminations et des affrontements. Ceux-ci préfigurent les combats tragiques, particulièrement meurtriers, qui vont opposer les militants messalistes au FLN pendant la guerre d'Algérie [47].

La crise de l'Empire colonial

La crise de la plus importante organisation nationaliste algérienne se développe alors que le cours des événements internationaux met plus que jamais à l'ordre du jour l'indépendance des colonies. Le 2 février 1952, à Paris, s'élabore un pacte des organisations nationalistes pour l'indépendance du Maghreb. Le 23 juillet 1952, en Égypte, un coup d'État militaire annonce l'émergence de Gamal Abdel Nasser. À la fin de cette même année, du 7 au 13 décembre, des émeutes populaires éclatent à Casablanca, à la suite de l'assassinat de Ferhat Hached, leader du l'UGTT en Tunisie. Dans ces deux pays voisins, l'épreuve de force avec la France est engagée. Le 20 août 1953, Mohammed V est déposé ; cette initiative des autorités coloniales françaises précipite une situation qui se dénouera le 2 mars 1956 par l'indépendance du Maroc, et le 20 mars 1956 par celle de la Tunisie.

Mais surtout, le 7 mai 1954, c'est la chute de Dien-Bien-Phu en Indochine, qui sonne le glas de toute une époque. S'ouvre ainsi

« Le cheval fit une troisième fois le tour de l'antique cité. À son passage tous les fellahs courbèrent la tête. Leur cœur devint trouble et sombre. Mais ils ne tremblaient pas. Ils eurent une pensée pour les femmes et les enfants. "Galope, cheval du peuple, songeaient-ils dans la nuit, à la mâle heure et sous le signe mauvais, au soleil et à la lune."

« Omar s'endormit dans l'herbe ardente. Commandar le vit plongé si profondément dans le sommeil qu'il se tut.

« Il murmura pour lui tout seul dans une réflexion entêtée :

« "Et depuis, ceux qui cherchent une issue à leur sort, ceux qui, en hésitant, cherchent leur terre, qui veulent s'affranchir et affranchir leur sol, se réveillent chaque nuit et tendent l'oreille. La folie de la liberté leur est montée au cerveau. Qui te délivrera, Algérie ? Ton peuple marche sur les routes et te cherche." »

Mohammed DIB, *L'Incendie*, Le Seuil, 1954.

un processus de désagrégation de l'Empire colonial français qui peut permettre aux masses algériennes d'affirmer leur droit à l'indépendance.

Alors que la bataille fait rage entre messalistes et centralistes, une nouvelle « tendance » se crée en mars 1954 pour le déclenchement de l'action immédiate. Il s'agit du Comité révolutionnaire pour l'unité et l'action (CRUA), qui donnera naissance au FLN (Front de libération nationale). Celui-ci lancera l'insurrection du 1er novembre, qui inaugure la guerre d'indépendance algérienne, la fin du temps de l'Algérie coloniale. Cette guerre durera plus de sept ans et aboutira, en 1962, à la conquête de la souveraineté.

Texte du projet de loi Blum-Viollette

Article 1er. — Sont admis à l'exercice des droits politiques des citoyens français, sans qu'il en résulte aucune modification de leur statut ou de leurs droits civils, et ce à titre définitif, sauf application de la législation française sur la déchéance des droits politiques, les indigènes algériens français des trois départements d'Algérie remplissant les conditions énumérées aux paragraphes suivants :

1°) les indigènes algériens français ayant quitté l'armée avec le grade d'officier ;

2°) les indigènes algériens français sous-officiers ayant quitté l'armée avec le grade de sergent-chef ou un grade supérieur après y avoir servi pendant quinze ans et en être sortis avec le certificat de bonne conduite ;

3°) les indigènes algériens français ayant accompli leur service militaire et ayant obtenu tout ensemble la médaille militaire et la croix de guerre ;

4°) les indigènes algériens français titulaires de l'un des diplômes suivants : diplômes de l'enseignement supérieur, baccalauréat de l'enseignement secondaire, brevet supérieur, brevet élémentaire, diplôme de fin d'études secondaires, diplôme des médersas, diplôme d'enseignement professionnel, industriel, agricole ou commercial ainsi que les fonctionnaires recrutés au concours ;

5°) les indigènes algériens français élus aux chambres de commerce et d'agriculture ou désignés par le conseil d'administration de la Région économique et par les chambres d'agriculture d'Algérie, dans les conditions prévues à l'article 2 ;

6°) les indigènes algériens français, délégués financiers, conseillers généraux, conseillers municipaux des communes de plein exercice et présidents de djemaës ayant exercé leurs fonctions pendant la durée d'un mandat ;

7°) les indigènes algériens français bachaghas, aghas, caïds ayant exercé leurs fonctions pendant au moins trois ans ;

8°) les indigènes algériens français commandeurs de l'ordre national de la Légion d'honneur ou nommés dans cet ordre à titre militaire ;

9°) les ouvriers indigènes titulaires de la médaille du travail et les secrétaires de syndicats ouvriers régulièrement constitués après dix ans d'exercice de leur fonction.

Article 2. — Le conseil d'administration de la Région économique d'Algérie désignera à celle de ses sessions qui suivra la mise en application de la présente loi deux cents commerçants, industriels ou artisans par département algérien qui seront dès lors investis des droits politiques accordés par l'article 1er de la présente loi, par arrêté du gouverneur général. Les trois chambres d'agriculture d'Algérie désigneront chacune dans les mêmes conditions et dans le même but, deux cents agriculteurs à leur première session de chacune des années qui suivront celle de la mise en application de la présente loi. Le conseil d'administration de la Région économique d'Algérie désignera, dans les mêmes conditions que précédemment, cinquante commerçants industriels ou artisans par département algérien, et les trois chambres d'agriculture d'Algérie désigneront chacune, dans les mêmes conditions et dans le même but, cinquante agriculteurs.

Article 3. — Les condamnations prévues par la loi du 2 février 1852 en ses articles 15 et 16, ainsi que toute révocation intervenue à l'égard des titulaires des fonctions énumérées à l'article 1er, nos 6 et 7, ainsi que la radiation des cadres de la Légion d'honneur et de la médaille militaire, entraîneront de plein droit la radiation des listes électorales.

Article 4. — Tout indigène algérien français bénéficiaire des dispositions de la présente loi pourra se voir retirer le bénéfice des dispositions précédentes par application des dispositions de l'article 9, paragraphe 5, de la loi du 10 août 1927.

Article 5. — Les dispositions de la présente loi n'ont aucun effet rétroactif et s'appliquent seulement aux indigènes algériens français qui remplissent actuellement ou rempliront à l'avenir les conditions qu'elles énumèrent. La représentation de l'Algérie à la Chambre des députés est assurée à raison d'un député par 20 000 électeurs inscrits ou fraction de 20 000.

Article 6. — Le ministre de l'Intérieur est chargé de l'application de la présente loi.

Commission de réformes, t. 2, p. 3436.

Annexes

1927 : Le programme de L'Étoile nord-africaine

Les revendications immédiates

1) Abolition immédiate de l'odieux code de l'indigénat et de toutes les mesures d'exception.

2) Amnistie pour tous ceux qui sont emprisonnés, en surveillance spéciale ou exilés pour infraction au code de l'indigénat ou pour délit politique.

3) Liberté de voyage absolue pour la France et l'étranger.

4) Liberté de presse, d'association, de réunions, droits politiques et syndicaux.

5) Remplacement des délégations financières élues au suffrage restreint par un Parlement national algérien élu au suffrage universel.

6) Suppression des communes mixtes et des territoires militaires, remplacement de ces organismes par des assemblées municipales élues au suffrage universel.

7) Accession de tous les Algériens à toutes les fonctions publiques sans aucune distinction, fonction égale, traitement égal pour tous.

8) Instruction obligatoire en langue arabe ; accession à l'enseignement à tous les degrés ; création de nouvelles écoles arabes. Tous les actes officiels doivent être simultanément rédigés dans les deux langues.

9) Application de lois sociales et ouvrières. Droit au secours de chômage aux familles algériennes en Algérie et aux allocations familiales.

Le programme politique

1) L'indépendance totale de l'Algérie.

2) Le retrait total des troupes d'occupation.

3) La constitution d'une armée nationale, d'un gouvernement national révolutionnaire, d'une Assemblée constituante élue au suffrage universel ;

— le suffrage universel ;

— le suffrage universel à tous les degrés et l'éligibilité dans toutes les assemblées pour tous les habitants de l'Algérie ;

— la langue arabe considérée comme langue officielle.

4) La remise en totalité à l'État algérien des banques, des mines, des chemins de fer, des forts et services publics accaparés par les conquérants.

5) La confiscation des grandes propriétés accaparées par les féodaux alliés des conquérants, les colons et les sociétés financières et la restitution aux paysans des terres confisquées. Le respect de la moyenne et petite propriété, le retour à l'État algérien des terres et forêts accaparées par l'État français.

6) L'instruction gratuite obligatoire à tous les degrés en langue arabe.

7) La reconnaissance par l'État algérien du droit syndical, de coalition et de grève, l'élaboration des lois sociales.

8) Aide immédiate aux fellahs pour l'affectation à l'agriculture de crédits sans intérêts pour l'achat de machines, de semences, d'engrais ; organisation de l'irrigation et amélioration des voies de communication, etc.

Programme extrait des *Mémoires* de Messali HADJ.

Liste des communes citées auxquelles un nouveau nom a été attribué après l'indépendance de 1962

(*source* : organisation administrative de l'Algérie, ministère de l'Intérieur algérien, décembre 1965).

Anciens noms	**Nouveaux noms**
Abbo	Sidi Daoud
Ampère	Aïn Azel
Ardj el Baïda	Medroussa
Aumale	Sour el Ghoslane
Auribeau	Aïn Charchar
Beni Mansour	Boudjellil
Bessombourg	Zitouna
Bichara	Maadid
Bosquet	Hadjadj
Bougainville	Sendjas
Bourbaki	Khemisti
Braaz	Zoubiria
Camp du Maréchal	Tadmaït
Canrobert	Oum el Bouaghi
Carnot	El Abadia
Cassaigne	Sidi Ali
Catinat	Settara
Cavaignac	Bordj Abou el Hassen
Cavallo El Aouana	El Aouana
Charchar	Chechar
Clauzel	Aïn Hassaïna
Clinchant	El Matmar
Col des Oliviers	Aïn Bouziane

Anciens noms	Nouveaux noms
Condé Smendou	Zighout Youssef
Courbet	Zemmouri
Crescia	Khaïcia
Dolfusville	Oued Chorfa
Dublineau	Hacine
El Hancer	El Ancer
El Khedra	Djaafra
Fort National	L'Arbaa Naït Iraten
Fort Polignac	Illizi
Francis Garnier	Beni Haoua
Gambetta	Taoura
Gastonville	Salah Bouchaour
Guelta	Gueltat Sidi Saad
Guyotville	Aïn Benian
Hachems	El Hacem
Hamadena	El H'Madna
Hanoteau	Zeboudja
La Calle	El Kala
La Chiffa	Chiffa
Lakhdaria	Aïssaouia
Lamartine	El Karimia
Lambèse	Tazoult
Maillot	M'Chedillah
Marceau	Sidi Amar
Massena	Ouled Ben Abdelkader
Meurad	Merad
Michelet	Aïn el Hammam
Millesimo	Belkheïr
Mirabeau	Draa ben Khedda
Nador	Sougueur
Noisy-les-Bains	Aïn Nouissy
Orléansville	Chleff
Oued Cheurfa	Oued Chorfa
Oued Damous	Damous
Ouillis	Abdelmalek Ramdane
Palestro	Lakhdaria
Paul Cazelles	Aïn Oussera
Paul Robert	Taougritte
Petit	Boumahra Ahmed
Philippeville	Skikda
Port Guédon	Azzefoun
Rabelais	Aïn Merane
Rebeval	Baghlia
Reibell	Chellaga
Relizane	Ighil-Izane
Renault	Sidi M'Hamed Benali

Anciens noms	**Nouveaux noms**
Rio Salado	El Malah
Robertville	Ein M' Jez Ed Chich
Saint-Antoine	El Hedaïk
Saint-Arnaud	El Eulma
Saint-Charles	Ramdane Djemal
Saint-Donat	Tadjenanet
Saint-Lucien	Zahana
Thiers	Kadiria
Uzès-le-Duc	Ould el Abtal
Warnier	Larbaat Ouled Fares

Chronologie 1830-1954

1830 *14 juin :* une armée française forte de 37 000 hommes débarque dans la baie de Sidi-Ferruch.
5 juillet : le dey d'Alger appose son sceau sur la convention qui livre Alger aux Français.

1831 *4 janvier :* prise d'Oran.
27 mars : prise de Bône par Yusuf.

1832 *22 novembre :* Abd el-Kader est présenté par son père aux tribus Hachem Beni-Amer. Il a 24 ans. Il proclame le premier *jihad* contre les infidèles.

1833 *29 septembre :* prise de Bougie par le général Trezel.

1834 *26 février :* signature de deux traités entre Abd el-Kader et le général Desmichels qui reconnaît la souveraineté de « l'émir des croyants ».
22 juillet : ordonnance qui confirme le caractère définitif de la conquête française. Un gouverneur général est nommé pour administrer « les possessions françaises dans le nord de l'Afrique ».

1835 *28 juin :* Abd el-Kader inflige une défaite au général Trezel à la Macta.

1836 *13 janvier :* prise de Tlemcen.
Septembre : le général Clauzel loue des lots de colonisation dans la Mitidja.

1837 *30 mai :* le traité de la Tafna, signé par Bugeaud, reconnaît Abd el-Kader comme le souverain des deux tiers de l'Algérie.
13 octobre : prise de Constantine.

1839 *18 novembre :* Abd el-Kader déclare la guerre. L'ordre est donné d'évacuer la Mitidja. Fin de la première colonisation.

1841 *22 février :* Bugeaud est nommé gouverneur général de l'Algérie. Fin de « l'occupation restreinte » et guerre totale.

1843 *24 mars :* les biens *habbous* sont remis au Domaine.
14 mai : prise de la *smala* d'Abd el-Kader par le duc d'Aumale. Massacre des populations environnantes. Abd el-Kader se réfugie au Maroc.

1844 *14 août :* bataille d'Isly près d'Oujda.

1845 Soulèvement, à l'appel de Bou Maza, en Kabylie, dans le Dahra, la vallée du Cheliff et l'Ouarsenis.

1847 *13 avril :* Bou Maza se rend à Saint-Arnaud.
23 décembre : reddition d'Abd el-Kader.

1848 *12 novembre :* l'Algérie proclamée dans la Constitution partie intégrante de la France.

1850 Insurrection dans les Aurès et les Zibans, à l'appel de Bou Ziane. Toute la tribu des Zaatcha (entre Biskra et Ouarbla) est massacrée.

1851 Insurrection en Kabylie sous la direction de Bou Baghla. Trente villages détruits en représailles.

1852 Révolte de Laghouat dirigée contre les khalifats nommés par les Français.

1860 *17-19 septembre :* voyage de Napoléon III à Alger. Il évoquera la possibilité d'un « royaume arabe ».

1863 *22 avril :* senatus-consulte au sujet de la propriété collective des tribus. Création des communautés mixtes.

1864 *11 mars :* insurrection des Flittas dans la région de Relizane, et des Ouled Si-Cheikh, prêchée par Si-Lalla.

1865 *3 juin :* 100 000 hectares à la Société générale algérienne dirigée par Paulin Talabot.
14 juillet : le droit à la naturalisation sur demande est accordé aux indigènes juifs et musulmans.

1867 *novembre :* famines épouvantables jusqu'en juin 1868.

1870 *24 octobre :* décrets Crémieux qui accordent la nationalisation française aux juifs d'Algérie.

1871 *14 mars :* début de l'insurrection dirigée par le bachaga Mokrani et ses frères contre les projets de confiscation des terres. Elle touche principalement la Kabylie.
8 avril : la guerre sainte est proclamée par El Haddad, cheikh des Khouan Rahntaniya. Arrivée à Alger de l'amiral de Gueydon, nouveau gouverneur général.
5 mai : Mokrani est tué par les troupes françaises.
13 septembre : reddition des Zouara. La Kabylie est soumise. 500 000 hectares des meilleures terres sont confisqués en Kabylie, en décembre.

1872 *2 juillet :* consécration de la basilique Notre-Dame d'Afrique.

1873 *26 juillet :* loi Warnier sur les terres indivis.

1878 *30 septembre :* décret sur la colonisation, inspiré de certaines idées de Bugeaud.

1881 Pour le système des rattachements, l'Algérie est intégrée directement à la France. Les territoires civils (104 830 km^2) sont répartis entre 196 communes de plein exercice et 77 communes mixtes. Sous la direction de Bou Amama, les Ouled Si-Cheikh se révoltent une nouvelle fois.
Instauration du Code de l'indigénat qui fixe une série de pénalités exorbitantes de droit commun pour les Algériens musulmans.

1886 *10 septembre :* un décret enlève aux cadis dans l'Algérie tout entière la connaissance de toutes les questions immobilières.

1889 *26 juin :* une loi impose la citoyenneté française à tous les fils d'étrangers qui ne la refusent pas. Cette naturalisation automatique ne concerne pas les Algériens musulmans.

1898 *20-25 janvier :* émeutes antijuives à Alger, pour l'abrogation du décret Crémieux.
25 août : l'Algérie reçoit la promesse de l'autonomie financière, la création immédiate d'une Assemblée coloniale élue, les *délégations financières*.

1900 *29 décembre :* une loi confère à l'Algérie la personnalité civile et un budget spécial.

1901 *26 avril :* un village de colonisation, Margueritte, est assailli par une centaine d'Algériens musulmans révoltés.

1903 *5 septembre :* passage en Algérie du cheikh Abdou, muphti du Caire et principal dirigeant du mouvement réformateur de la Nahda. Il se déclare frappé par le conservatisme et le rigorisme religieux.

1908 Publication d'un projet d'extension de la conscription obligatoire aux Algériens musulmans.

1911 *31 janvier-3 février :* parution des décrets instituant le service militaire obligatoire pour les Algériens musulmans.
« Exode de Tlemcen » : 500 familles musulmanes quittent l'Algérie pour échapper au projet de conscription.

1914-1918 Pour la guerre, le recrutement indigène fournit 173 000 militaires dont 87 500 engagés ; 25 000 soldats musulmans, et 22 000 Français d'Algérie tombent sur les champs de bataille. 119 000 travailleurs viennent, en plus, travailler en métropole.

1919 *4 février :* promulgation de lois et décrets qui accordent une représentation élue à un plus grand nombre de musulmans pour toutes les assemblées d'Algérie (100 000 pour les conseils généraux et délégations financières ; 400 000 pour les conseils de douar).
Mars : fondation de l'*Ikdam* (résolution, audace) par l'émir Khaled, descendant de l'émir Abd el-Kader.
Mai : pétition de Khaled au président Wilson.
Novembre : victoire écrasante d'une liste conduite par Khaled aux élections municipales d'Alger (élections annulées en 1920).

1920 *Octobre :* grande famine en Algérie.

1921 *Septembre :* Steeg, gouverneur général de l'Algérie.

1922 *Avril :* parution du premier numéro du *Paria*, créé à l'initiative des communistes, pour l'indépendance des colonies.
Octobre : victoire de l'émir Khaled aux élections départementales partielles d'Alger.

1924 *Juillet :* meetings de l'émir Khaled à Paris.
Décembre : congrès des travailleurs nord-africains à Paris, organisé par le PCF.

1925 *Mai :* Maurice Viollette, gouverneur général de l'Algérie.
Juillet : parution du premier numéro d'*Al Moutaquid* (« La Critique »), journal fondé par A. Ben Badis, et exprimant les idées du courant réformiste musulman.

1926 *20 juin :* fondation de l'*Étoile nord-africaine*, à Paris, qui réclame « l'indépendance de l'Afrique du Nord ».

1927 *septembre :* création de la *Fédération des élus indigènes d'Algérie*, avec à sa tête le docteur Ben Djelloul, un des représentants du mouvement Jeunes-Algériens.

1928 *4 avril :* le gouverneur général d'Algérie prend des mesures pour freiner l'émigration vers la France.

1929 *20 novembre :* dissolution de l'Étoile nord-africaine (ENA).

1930 *Mai :* grandes fêtes du centenaire de la conquête française en Algérie.

1931 *5 mai :* Abdelhamid Ben Badis fonde l'*Association des oulemas réformistes d'Algérie.* Avec pour devise : « L'arabe est ma langue, l'Algérie est mon pays, l'islam est ma religion. »
Ferhat Abbas publie *Le Jeune Algérien.*

1933 *28 mai :* reconstitution de l'Étoile nord-africaine, avec à sa tête Messali Hadj.

1934 *18 mai :* l'abbé Lambert est élu maire d'Oran contre le socialiste M. Dubois.
5 août : affrontements sanglants entre populations musulmane et juive de Constantine.

1935 *30 mars :* promulgation du décret Régnier réprimant les « manifestations antifrançaises ».
Juin : gigantesque parade de 150 000 Croix-de-Feu du colonel de La Rocque, à Oued Smar.

1936 *7 juin :* la Fédération des élus, les oulemas et les communistes fondent le *Congrès musulman algérien*, dans le cadre du Front populaire.
Novembre : discussions autour du projet Blum-Viollette (la pleine citoyenneté pour 21 000 Français musulmans). Refus du projet dans les « milieux ultras » européens, et chez les indépendantistes de l'Étoile.

1937 *26 janvier :* dissolution de l'ENA par le gouvernement de Front populaire.
11 mars : les nationalistes algériens proclament le *Parti du peuple algérien* (PPA).

1939 *11 février :* M. Thorez présente l'Algérie comme « une nation en formation ».
26 septembre : dissolution des formations démocratiques en Algérie. Arrestations des principaux dirigeants nationalistes algériens.

1940 *7 octobre :* le ministre de l'Intérieur Peyrouton abolit le décret Crémieux de naturalisation des juifs d'Algérie.

1942 *8 novembre :* débarquement anglo-américain à Alger.

1943 26 mai : présentation du « Manifeste algérien ».
30 mai : arrivée du général de Gaulle à Alger.
12 décembre : dans son discours de Constantine, le général de Gaulle annonce des réformes pour l'Algérie.

1944 *7 mars :* de Gaulle signe une ordonnance qui abolit toutes les mesures d'exception applicables aux musulmans. L'ancien collège électoral musulman est ouvert à tous les Algériens âgés de 21 ans.

1945 *2 avril :* premier congrès des *Amis du manifeste et de la liberté.*

8 mai : début des violentes répressions dans le Constantinois, à Sétif et Guelma. 103 morts parmi les Européens, plusieurs milliers de morts algériens musulmans.

17 août : une ordonnance accorde aux musulmans du deuxième collège la possibilité d'envoyer au parlement un nombre de représentants égal à celui des Français du premier collège.

1946 *16 mars :* la Constituante vote une loi d'amnistie à propos de l'Algérie.

Avril : fondation de l'*Union démocratique du manifeste algérien* (UDMA), de F. Abbas.

15 octobre : « Plan d'industrialisation » pour l'Algérie.

20 octobre : fondation du *Mouvement pour le triomphe des libertés démocratiques,* de Messali Hadj.

10 novembre : élections législatives. Le MTLD a 5 députés.

1947 *15 février :* le congrès du MTLD décide la création d'une organisation clandestine pour la lutte armée en Algérie (« l'Organisation spéciale »).

27 août : adoption du « statut de l'Algérie » par le Conseil des ministres.

20 septembre : adoption par l'Assemblée nationale du « statut de l'Algérie ». Tous les députés musulmans algériens le récusent.

19-26 octobre : élections municipales. Au deuxième collège, le MTLD s'empare de la totalité des sièges dans les grandes villes algériennes.

1949 *Avril :* crise « berbériste » dans la Fédération de France du MTLD.

1950 La police procède au démantèlement de l'OS en Algérie.

1952 *2 février :* création à Paris d'un *Front d'unité et d'action* entre les partis nationalistes d'Afrique du Nord.

3-8 décembre : soulèvement au Maroc, contre l'assassinat en Tunisie du syndicaliste Ferhat Hached.

1953 *20 avril :* congrès du MTLD. Les partisans de Messali Hadj sont éliminés du Comité central. Crise entre « centralistes » et « messalistes ».

20 août : déposition du sultan du Maroc. Début du terrorisme urbain dans ce pays.

1954 *Mars-avril :* création du *Comité révolutionnaire pour l'unité et l'action* (CRUA) qui entend préparer l'insurrection en Algérie.

13-15 juillet : le congrès des partisans de Messali à Hornu (Belgique) consacre la scission du MTLD.

1er novembre : le CRUA se transforme en *Front de libération nationale* (FNL). La guerre commence en Algérie.

Repères bibliographiques

La bibliographie présentée ici ne prétend nullement être exhaustive. Tout au plus peut-elle servir de point de départ à une étude plus approfondie des questions traitées dans ce livre. Elle ne comporte que des articles et ouvrages en français.

Ouvrages

[1] AGERON C.-R., *Histoire de l'Algérie contemporaine*, tome 2 : *De l'insurrection de 1871 au déclenchement de la guerre de libération, 1954*, PUF, Paris, 1979.

[2] AGERON C.-R., *L'Algérie algérienne de Napoléon III à de Gaulle*, Sindbad, Paris, 1980.

[3] ARON R. (sous la direction de), *Les Origines de la guerre d'Algérie*, Fayard, Paris, 1962.

[4] AYOUN R., COHEN B., *Les Juifs d'Algérie*, J. C. Lattès, Paris, 1982.

[5] BERQUE J., *Le Maghreb entre deux guerres*, Le Seuil, Paris, 1962.

[6] BLIN L., *L'Algérie, du Sahara au Sahel*, L'Harmattan, Paris, 1990.

[7] BOURDIEU P. (sous la direction de), *Travail et travailleurs en Algérie*, Mouton, Paris / La Haye, 1969.

[8] BOURDIEU P., SAYAD A., *Le Déracinement, ou la crise de l'agriculture traditionnelle en Algérie*, Minuit, Paris, 1964.

[9] BOYER P., *La Vie quotidienne à Alger à la veille de l'intervention française*, Hachette, Paris, 1964.

[10] CARETTE E., *Exploration scientifique de l'Algérie dans les années 1840-1841*, Imprimerie Royale, Paris, 1844-1867.

[11] CHAKER S., *Les Berbères aujourd'hui*, L'Harmattan, Paris, 1990.

[12] CHEVALLIER J., *Nous Algériens*, Calmann-Lévy, Paris, 1958.

[13] CHIKH S., *L'Algérie en armes*, Economica / OPU, Paris / Alger, 1981.

[14] CHOURAQUI A., *Histoire des Juifs en Afrique du Nord*, Hachette, Paris, 1985.

[15] COURRIÈRE Yves, *Les Fils de la Toussaint*, Fayard, Paris, 1968.

[16] DAUMAS E., *Correspondance du capitaine Daumas, consul à Mascara*, G. Yver, Alger, 1912.

[17] DERMENDJIAN G., *La Crise antijuive oranaise*, L'Harmattan, Paris, 1986.

[18] DEPONT O., *Le Recrutement de main-d'œuvre étrangère en Afrique du Nord*, Dourriez-Bataille, Lille, 1937.

[19] *Encyclopédie coloniale, Algérie-Sahara*, éd. Encyclopédie de l'Empire français, Paris, 1948.

[20] Gallissot R., *Maghreb-Algérie, classes et nation*, Arcantère, Paris, 1987.

[21] Gauthier E.F., *Un siècle de colonisation*, Alcan, Paris, 1930.

[22] Gillette A., Sayad A., *L'Immigration algérienne en France*, Entente, Paris, nouvelle éd. revue et augmentée, 1954.

[23] Guérin D., *Ci-gît le colonialisme*, Mouton, Paris / La Haye, 1973.

[24] Hamdani A., *La Vérité sur l'exposition d'Alger*, Balland, Paris, 1985.

[25] Harbi M., *Aux origines du FLN, le populisme révolutionnaire en Algérie*, Bourgois, Paris, 1975.

[26] Julien C.-A., *Histoire de l'Afrique du Nord-Tunisie, Algérie, Maroc*, Payot, Paris, 1931.

[27] Julien C.-A., *Histoire de l'Algérie contemporaine*, tome 1 : *La Conquête et les débuts de la colonisation, 1827-1871*, PUF, Paris, 1979.

[28] Jurquet J., *La Révolution nationale algérienne et le PCF*, éd. du Centenaire, Paris, 1974.

[29] Kaddache M., *Histoire du nationalisme algérien*, SNED, Alger, 1980, 2 vol.

[30] Lacheraf M., *L'Algérie, nation et société*, Maspero, Paris, 1969.

[31] Laraoui A., *L'Histoire du Maghreb. Un essai de synthèse*, Maspero, Paris, 1975.

[32] Launay M., *Paysans algériens*, Le Seuil, Paris, 1963.

[33] Leconte D., *Les Pieds-noirs*, Le Seuil, Paris, 1980.

[34] Liauzu C. (sous la direction de), *Enjeux urbains au Maghreb*, L'Harmattan, Paris, 1985.

[35] Lucas P., Vatin J.-C., *L'Algérie des anthropologues*, Maspero, Paris, 1975.

[36] Marrus M., Paxton R., *Vichy et les Juifs*, Calmann-Lévy, Paris, 1981.

[37] Merad A., *Le Réformisme musulman en Algérie de 1925 à 1940. Essai d'histoire religieuse et sociale*, Mouton, Paris / La Haye, 1967.

[38] Messali hadj, *Mémoires*, J. C. Lattès, Paris, 1982.

[39] Meynier G., *L'Algérie révélée*, Droz, Genève, 1981.

[40] Moneta J., *Le PCF et la question coloniale*, Maspero, Paris, 1971.

[41] Nouschi A., *La Naissance du nationalisme algérien*, Minuit, Paris, 1962.

[42] Pelissier de reynaud, *Annales algériennes*, Paris, Dumaine, Alger, Bastide, 1854.

[43] Raynal P., *L'Expédition d'Alger*, Société de géographie, Paris, 1930.

[44] Rozet C.-A., *Voyage dans la Régence d'Alger*, Arthur Bertrand, Paris, 1833.

[45] Sari D., *Le Désastre démographique*, SNED, Alger, 1982.

[46] Servier J., *Demain l'Algérie*, Robert Laffont, Paris, 1959.

[47] Stora B., *Dictionnaire biographique des militants nationalistes algériens*, L'Harmattan, Paris, 1985.

[48] Teguia M., *L'Algérie en guerre*, OPU, Alger, 1982.

[49] Terrasse H., *Histoire du Maroc*, Casablanca, 1949.

[50] Tillon G., *L'Algérie en 1957*, Minuit, Paris, 1957.

[51] Tillon G., *Le Harem et les cousins*, Le Seuil, coll. « Points », Paris, 1982.

[52] Turin Y., *Affrontements culturels dans l'Algérie coloniale*, Maspero, Paris, 1971.

[53] Vatin J.-C., *L'Algérie politique, histoire et société*, Presses de la FNSP, Paris, 1974.

[54] Weiler H., « L'Algérie aujourd'hui, peuplement et démographie », *Initiation à l'Algérie*, Maisonneuve, Paris, 1957.

[55] Yaconno Y., *Un siècle de franc-maçonnerie algérienne*, Maisonneuve-Larose, Paris, 1969.

Articles

[56] Benoune M., « Les fondements socio-historiques de l'État algérien contemporain », *L'Algérie et la modernité*, CODESRIA, Alger, 1989.

[57] Bessis J., « Le mouvement ouvrier tunisien », *Le Mouvement social*, n° 89, 1974.

[58] Djeghloul A., « Hors-la-loi, violence rurale et pouvoir colonial en Algérie au début du xxe siècle », *Revue de l'Occident musulman*, n° 98, 1984.

[59] Lacheraf M., « Psychologie d'une conquête », *Cahiers internationaux*, 1956.

[60] Marouf N., « Statut de la paysannerie algérienne à travers l'évolution socio-juridique des structures », Oran, *Bulletin CDSH*, n° 4.

[61] Oved G., « La gauche française et les jeunes Marocains », *Le Mouvement social*, 1983.

[62] Peroncez-hugoz J.-P., « Le royaume arabe », *Le Monde*, 9 juin 1985.

[63] Rahmani M., « L'origine des Berbères », *Le Monde*, 25 avril 1980.

[64] Taskin R., « De l'ordre ottoman à l'ordre républicain, une lecture tocquevillienne de la modernité turque », *Cahiers*, n° 1, GETC, MSA.

Compléments bibliographiques

Aouli S., Redjala R., Zoummeroff P., *Abd el Kader*, Fayard, Paris, 1994.

Bahloul J., *La Maison de mémoire. Ethnographie d'une demeure judéo-arabe en Algérie*, Métaillié, Paris, 1992.

Benot Y., *Massacres coloniaux, 1944-1950 : la IVe République et la mise au pas des colonies françaises*, La Découverte, Paris, 1994.

Bouguessa K., *Aux sources du nationalisme algérien*, Casbah éditions, Alger, 2000.

Cote M., *L'Algérie ou l'espace retourné*, Flammarion, Paris, 1988.

Djeghloul A., *Éléments d'histoire culturelle algérienne*, Enal, Alger, 1984.

Étienne B., *Abdelkader*, Hachette, Paris, 1994.

Ferro M. (sous la direction de), *Le Livre noir de la colonisation, xvie-xxie siècle, de l'extermination à la repentance*, Robert Laffont, Paris, 2003.

Fremeaux J., *Les Bureaux arabes dans l'Algérie de la conquête*, Denoël, Paris, 1993.

Gallissot R., *Le Maghreb de traverse*, Bouchène, Paris, 2002.

Gaspard F. (sous la direction de), *De Dreux à Alger, Maurice Viollette, 1870-1960*, L'Harmattan, Paris, 1991.

Guenaneche M., Kaddache M., *L'Étoile nord-africaine. Documents et témoignages pour servir à l'étude du nationalisme algérien*, OPU, Alger, 1984.

— *Le Parti du peuple algérien. Documents et témoignage pour servir à l'étude du nationalisme algérien*, OPU, Alger, 1986.

HELLAL A., *Le Mouvement réformiste algérien. Les hommes et l'histoire, 1831-1857*, OPU, Alger, 1992.

JEMMA-GOUZON D., *Villages des Aurès, archives de pierre*, L'Harmattan, Paris, 1989.

JORDI J.-J., PLANCHE J.-L. (sous la direction de), *Alger 1860-1939, le modèle ambigu du triomphe colonial*, Autrement, Paris, 1999.

KOULAKSSIS A., *Le Parti socialiste et l'Afrique du Nord, de Jaurès à Blum*, Armand Colin, Paris, 1991.

LACOSTE Y. et C. (sous la direction de), *L'État du Maghreb*, La Découverte, Paris, 1991.

LE TOURNEAU R., *Évolution politique de l'Afrique du nord musulmane, 1920-1961*, Armand Colin, Paris, 1962.

MADJARIAN G., *La Question coloniale et la politique du Parti communiste français, 1944-1947*, Maspero, Paris, 1977.

MARCUS P., *L'Algérie coloniale, la raison ou l'État*, Atlantica, Biarritz, 2001.

MASPERO F., *L'Honneur de Saint-Arnaud*, Plon, Paris, 1993.

MEKHALED B., *Chroniques d'un massacre, 8 mai 1945*, Syros, Paris, 1995.

MULLER J.-M., *Charles de Foucauld, frère universel ou moine-soldat ?*, La Découverte, Paris, 2002.

REY-GOLZEIGUER A., *Aux origines de la guerre d'Algérie, 1940-1945, de Mers-el-Kébir aux massacres du Nord-Constantinois*, La Découverte, Paris, 2002.

RIVET D., *Le Maghreb à l'épreuve de la colonisation*, Hachette, Paris, 2002.

STORA B., *Le Transfert d'une mémoire. De l'Algérie française au racisme anti-arabe*, La Découverte, Paris, 1999.

TARAUD C., *La Prostitution coloniale. Algérie, Tunisie, Maroc, 1830-1962*, Payot, Paris, 2003.

Table des matières

IV Première Guerre mondiale et bouleversements sociaux

V Voyage dans l'histoire des villes et des régions

VI La vie politique dans l'entre-deux-guerres

VII La Seconde Guerre mondiale

VIII La société « pied-noir » : le temps de l'inconscience

IX L'Algérie en 1954 : situation économique et sociale

Collection

R E P È R E S

dirigée par

JEAN-PAUL PIRIOU (de 1987 à 2004), *puis par* PASCAL COMBEMALE,

avec STÉPHANE BEAUD, ANDRÉ CARTAPANIS, BERNARD COLASSE, FRANÇOISE DREYFUS, YANNICK L'HORTY, PHILIPPE LORINO, DOMINIQUE MERLLIÉ, CHRISTOPHE PROCHASSON, MICHEL RAINELLI et YVES WINKIN.

SOCIOLOGIE

Capital social (Le), n° 458, Sophie Ponthieux.

Catégories socioprofessionnelles (Les), n° 62, Alain Desrosières et Laurent Thévenot.

Conditions de travail (Les), n° 301, Michel Gollac et Serge Volkoff.

Critique de l'organisation du travail, n° 270, Thomas Coutrot.

Culture matérielle (La), n° 431, Marie-Pierre Julien et Céline Rosselin.

Démocratisation de l'enseignement (La), n° 345, Pierre Merle.

Économie sociale (L'), n° 148, Claude Vienney.

Ergonomie (L'), n° 43, Françoise Darses et Maurice de Montmollin.

Étudiants (Les), n° 195, Olivier Galland et Marco Oberti.

Féminin, masculin, n° 389, Michèle Ferrand.

Formation professionnelle continue (La), n° 28, Claude Dubar.

Histoire de la sociologie :
1. Avant 1918, n° 109,
2. Depuis 1918, n° 110, Charles-Henry Cuin et François Gresle.

Histoire du féminisme, n° 338, Michèle Riot-Sarcey.

Histoire du travail des femmes, n° 284, Françoise Battagliola.

Insécurité en France (L'), n° 353, Philippe Robert.

Introduction aux *Science Studies*, n° 449, Dominique Pestre.

Jeunes (Les), n° 27, Olivier Galland.

Jeunes et l'emploi (Les), n° 365, Florence Lefresne.

Méthode en sociologie (La), n° 194, Jean-Claude Combessie.

Méthodes de l'intervention psychosociologique (Les), n° 347, Gérard Mendel et Jean-Luc Prades.

Méthodes en sociologie (Les) : l'observation, n° 234, Henri Peretz.

Métiers de l'hôpital (Les), n° 218, Christian Chevandier.

Mobilité sociale (La), n° 99, Dominique Merllié et Jean Prévot.

Modernisation des entreprises (La), n° 152, Danièle Linhart.

Multiculturalisme (Le), n° 401, Milena Doytcheva.

Notion de culture dans les sciences sociales (La), n° 205, Denys Cuche.

Nouveau système français de protection sociale (Le), n° 382, Jean-Claude Barbier et Bruno Théret.

Personnes âgées (Les), n° 224, Pascal Pochet.

Santé des Français (La), n° 330, Haut comité de la santé publique.

Sciences de l'éducation (Les), n° 129, Éric Plaisance et Gérard Vergnaud.

Société du risque (La), n° 321, Patrick Peretti Watel.

Sociologie de Durkheim (La), n° 154, Philippe Steiner.

Sociologie de Erving Goffman (La), n° 416, Jean Nizet et Natalie Rigaux.

Sociologie de Georg Simmel (La), n° 311, Frédéric Vandenberghe.

Sociologie de l'architecture, n° 314, Florent Champy.

Sociologie de l'art, n° 328, Nathalie Heinich.

Sociologie de l'éducation, n° 169, Marlaine Cacouault et Françoise Œuvrard.

Sociologie de l'emploi, n° 132, Margaret Maruani et Emmanuèle Reynaud.

Sociologie de l'immigration, n° 364, Andrea Rea et Maryse Tripier.

Sociologie de l'organisation sportive, n° 281, William Gasparini.

Sociologie de la bourgeoisie, n° 294, Michel Pinçon et Monique Pinçon-Charlot.

Sociologie de la consommation, n° 319, Nicolas Herpin.

Sociologie de la lecture, n° 376, Chantal Horellou-Lafarge et Monique Segré.

Sociologie de la négociation, n° 350, Reynald Bourque et Christian Thuderoz.

Sociologie de la prison, n° 318, Philippe Combessie.

Sociologie de la ville, n° 331, Yankel Fijalkow.

Sociologie de Marx (La), n° 173, Jean-Pierre Durand.

Sociologie de Max Weber (La), n° 452, Catherine Colliot-Thélène.

Sociologie de Norbert Elias (La), n° 233, Nathalie Heinich.

Sociologie de Paris, n° 400, Michel Pinçon et Monique Pinçon-Charlot.

Sociologie des cadres, n° 290, Paul Bouffartigue et Charles Gadea.

Sociologie des changements sociaux (La), n° 440, Alexis Trémoulinas.

Sociologie des chômeurs, n° 173, Didier Demazière.

Sociologie des comportements sexuels, n° 221, Maryse Jaspard.

Sociologie des employés, n° 142, Alain Chenu.

Sociologie des entreprises, n° 210, Christian Thuderoz.

Sociologie des mouvements sociaux, n° 207, Erik Neveu.

Sociologie des organisations, n° 249, Lusin Bagla.

Sociologie des pratiques culturelles, n° 418, Philippe Coulangeon.

Sociologie des publics, n° 366, Jean-Pierre Esquenazi.

Sociologie des relations professionnelles, n° 186, Michel Lallement.

Sociologie des réseaux sociaux, n° 398, Pierre Mercklé.

Sociologie des syndicats, n° 304, Dominique Andolfatto et Dominique Labbé.

Sociologie du crime (La), n° 435, Philippe Robert.

Sociologie du droit, n° 282, Évelyne Séverin.

Sociologie du sida, n° 355, Claude Thiaudière.

Sociologie du sport, n° 164, Jacques Defrance.

Sociologie du travail (La), n° 257, Sabine Erbès-Seguin.

Sociologie économique (La), n° 274, Philippe Steiner.

Sociologie et anthropologie de Marcel Mauss, n° 360, Camille Tarot.

Sondages d'opinion (Les), n° 38, Hélène Meynaud et Denis Duclos.

Syndicalisme enseignant (Le), n° 212, Bertrand Geay.

Système éducatif (Le), n° 131, Maria Vasconcellos.

Théories sociologiques de la famille (Les), n° 236, Catherine Cicchelli-Pugeault et Vincenzo Cicchelli.

Travail et emploi des femmes, n° 287, Margaret Maruani.

Travailleurs sociaux (Les), n° 23, Jacques Ion et Bertrand Ravon.

Urbanisme (L'), n° 96, Jean-François Tribillon.

Violences contre les femmes (Les), n° 424, Maryse Jaspard.

SCIENCES POLITIQUES-DROIT

Aménagement du territoire (L'), n° 176, Nicole de Montricher.

Collectivités locales (Les), n° 242, Jacques Hardy.

Constitutions françaises (Les), n° 184, Olivier Le Cour Grandmaison.

Construction européenne (La), n° 326, Guillaume Courty et Guillaume Devin.

Décentralisation (La), n° 44, Xavier Greffe.

DOM-TOM (Les), n° 151, Gérard Belorgey et Geneviève Bertrand.

Droits de l'homme (Les), n° 333, Danièle Lochak.

Droit du travail (Le), n° 230, Michèle Bonnechère.

Droit international humanitaire (Le), n° 196, Patricia Buirette.

Droit pénal, n° 225, Cécile Barberger.

Économie politique internationale, n° 367, Christian Chavagneux.

Évaluation des politiques publiques (L'), n° 329, Bernard Perret.

Femmes en politique, n° 455, Catherine Achin et Sandrine Lévêque.

Fonction publique (La), n° 189, Luc Rouban.

Gouvernance de la mondialisation (La), n° 403, Jean-Christophe Graz.

Groupes d'intérêt (Les), n° 453, Guillaume Courty.

Histoire de l'administration, n° 177, Yves Thomas.

Histoire des idées politiques en France au XIXe siècle, n° 243, Jérôme Grondeux.

Histoire des idées socialistes, n° 223, Noëlline Castagnez.

Histoire du Parti communiste français, n° 269, Yves Santamaria.

Introduction à la philosophie politique, n° 197, Christian Ruby.

Introduction au droit, n° 156, Michèle Bonnechère.

Islam (L'), n° 82, Anne-Marie Delcambre.

Justice en France (La), n° 116, Dominique Vernier.

Nouvelle Constitution européenne (La), n° 380, Jacques Ziller.

ONG (Les), n° 386, Philippe Ryfman.

ONU (L'), n° 145, Maurice Bertrand.

Philosophie de Marx (La), n° 124, Étienne Balibar.

Politique de la famille (La), n° 352, Jacques Commaille, Pierre Strobel et Michel Villac.

Postcommunisme en Europe (Le), n° 266, François Bafoil.

Régime politique de la Ve République (Le), n° 253, Bastien François.

Régimes politiques (Les), n° 244, Arlette Heymann-Doat.

Sociologie historique du politique, n° 209, Yves Déloye.

Sociologie des relations internationales, n° 335, Guillaume Devin.

Sociologie de la vie politique française, n° 402, Michel Offerlé.

Sociologie du phénomène Le Pen, n° 428, Jacques Le Bohec.

Syndicalisme en France depuis 1945 (Le), n° 143, René Mouriaux.

Théories de la république (Les), n° 399, Serge Audier.

Union européenne (L'), n° 170, Jacques Léonard et Christian Hen.

HISTOIRE

Affaire Dreyfus (L'), n° 141, Vincent Duclert.

Archives (Les), n° 324, Sophie Cœuré et Vincent Duclert.

Catholiques en France depuis 1815 (Les), n° 219, Denis Pelletier.

Chronologie de la France au XXe siècle, n° 286, Catherine Fhima.

État et les cultes (L'). *1789-1905*, 2005, n° 434, Jacqueline Lalouette.

Franc-maçonneries (Les), n° 397, Sébastien Galceran.

Front populaire (Le), n° 342, Frédéric Monier.

Guerre froide (La), n° 351, Stanislas Jeannesson.

Harkis (Les), n° 442, Tom Charbit.

Histoire de l'Algérie coloniale, 1830-1954, n° 102, Benjamin Stora.

Histoire de l'Algérie depuis l'indépendance, 1. 1962-1988, n° 316, Benjamin Stora.

Histoire de l'immigration, n° 327, Marie-Claude Blanc-Chaléard.

Histoire de l'URSS, n° 150, Sabine Dullin.

Histoire de la guerre d'Algérie, 1954-1962, n° 115, Benjamin Stora.

Histoire de la Turquie contemporaine, n° 387, Hamit Bozarslan.

Histoire des États-Unis depuis 1945 (L'), n° 104, Jacques Portes.

Histoire des sciences biomédicales, n° 465, Jean-Paul Gaudillière.

Histoire du Maroc depuis l'indépendance, n° 346, Pierre Vermeren.

Histoire du parti socialiste, n° 222, Jacques Kergoat.

Histoire du radicalisme, n° 139, Gérard Baal.

Histoire en France (L'), n° 84, Collectif.

Histoire politique de la IIIe République, n° 272, Gilles Candar.

Histoire politique de la IVe République, n° 299, Éric Duhamel.

Introduction à la socio-histoire, n° 437, Gérard Noiriel.

Introduction à l'histoire de la France au XXᵉ siècle, n° 285, Christophe Prochasson.

Judaïsme (Le), n° 203, Régine Azria.

Pierre Mendès France, n° 157, Jean-Louis Rizzo.

Politique étrangère de la France depuis 1945 (La), n° 217, Frédéric Bozo.

Protestants en France depuis 1789 (Les), n° 273, Rémi Fabre.

Question nationale au XIXᵉ siècle (La), n° 214, Patrick Cabanel.

Régime de Vichy (Le), n° 206, Marc Olivier Baruch.

Santé au travail (La), n° 438, S. Buzzi, J.-C. Devinck et P.-A. Rosental.

CULTURE-COMMUNICATION

Argumentation dans la communication (L'), n° 204, Philippe Breton.

Bibliothèques (Les), n° 247, Anne-Marie Bertrand.

Culture de masse en France (La) :
1. 1860-1930, n° 323, Dominique Kalifa.

Diversité culturelle et mondialisation, n° 411, Armand Mattelart.

Économie de la presse, n° 283, Patrick Lefloch et Nathalie Sonnac.

Histoire sociale du cinéma français, n° 305, Yann Darré.

Histoire de la société de l'information, n° 312, Armand Mattelart.

Histoire des théories de l'argumentation, n° 292, Philippe Breton et Gilles Gauthier.

Histoire des théories de la communication, n° 174, Armand et Michèle Mattelart.

Histoire de la philosophie, n° 95, Christian Ruby.

Industrie des médias (L'), n° 439, Jean Gabszewicz et Nathalie Sonnac.

Industrie du disque (L'), n° 464, Nicolas Curien et François Moreau.

Introduction aux sciences de la communication, n° 245, Daniel Bougnoux.

Introduction aux *Cultural Studies*, n° 363, Armand Mattelart et Érik Neveu.

Marché de l'art contemporain (Le), n° 450, Nathalie Moureau et Dominique Sagot-Duvauroux.

Médias en France (Les), n° 374, Jean-Marie Charon.

Mondialisation de la culture (La), n° 260, Jean-Pierre Warnier.

Musée et muséologie, n° 433, Dominique Poulot.

Presse des jeunes (La), n° 334, Jean-Marie Charon.

Presse magazine (La), n° 264, Jean-Marie Charon.

Presse quotidienne (La), n° 188, Jean-Marie Charon.

Programmes audiovisuels (Les), n° 420, Benoît Danard et Remy Le Champion.

Psychanalyse (La), n° 168, Catherine Desprats-Péquignot.

Révolution numérique et industries culturelles, n° 408, Alain Le Diberder et Philippe Chantepie.

Sociologie du journalisme, n° 313, Érik Neveu.

Télévision (La), n° 405, Régine Chaniac et Jean-Pierre Jézéquel.

Tests d'intelligence (Les), n° 229, Michel Huteau et Jacques Lautrey.

Classiques

R E P È R E S

La formation du couple. *Textes essentiels pour la sociologie de la famille*, Michel Bozon et François Héran.

Un sociologue à l'usine, Donald Roy.

Dictionnaires

R E P È R E S

Dictionnaire de gestion, Élie Cohen.

Dictionnaire d'analyse économique, *microéconomie, macroéconomie, théorie des jeux, etc.*, Bernard Guerrien.

Guides

R E P È R E S

L'art de la thèse. *Comment préparer et rédiger un mémoire de master, une thèse de doctorat ou tout autre travail universitaire à l'ère du Net*, Michel Beaud.

Comment se fait l'histoire. *Pratiques et enjeux*, François Cadiou, Clarisse Coulomb, Anne Lemonde et Yves Santamaria.

La comparaison dans les sciences sociales. *Pratiques et méthodes*, Cécile Vigour.

Les ficelles du métier. *Comment conduire sa recherche en sciences sociales*, Howard S. Becker.

Guide de l'enquête de terrain, Stéphane Beaud et Florence Weber.

Guide des méthodes de l'archéologie, Jean-Paul Demoule, François Giligny, Anne Lehoërff et Alain Schnapp.

Guide du stage en entreprise, Michel Villette.

Manuel de journalisme. *Écrire pour le journal*, Yves Agnès.

Voir, comprendre, analyser les images, Laurent Gervereau.

Manuels

R E P È R E S

Comprendre le monde. *Une introduction à l'analyse des systèmes-monde*, Immanuel Wallerstein.

Analyse macroéconomique 1.

Analyse macroéconomique 2. 17 auteurs sous la direction de Jean-Olivier Hairault.

L'explosion de la communication. *Introduction aux théories et aux pratiques de la communication*, Philippe Breton et Serge Proulx.

Une histoire de la comptabilité nationale, André Vanoli.

Histoire de la psychologie en France. XIXᵉ-XXᵉ siècles, J. Carroy, A. Ohayon et R. Plas.

La mondialisation de l'économie. *Genèse et problèmes*, Jacques Adda.

Composition Facompo, Lisieux (Calvados)
Achevé d'imprimer sur les presses de l'imprimerie
Europe Media Duplication à Lassay-les-Châteaux (Mayenne)
Dépôt légal du 1er tirage : novembre 2004
Suite du 1er tirage (2) : juillet 2006
N° de dossier : 15758

Imprimé en France